Tequila Sunrise
para Negocios

El despertar de la fuerza

Agradecimientos

A toda persona y a todo mi ser. La destreza con que interactuamos con nuestra intención es la clave que nos hace compartir la fuerza del éxito.

Dedicaciones

A mis amadas hijas: Alanna y Astrid Flores, las personas más valiosas en mi vida. Su mera existencia ilumina mi camino.

Sólo a través de la correspondencia de la red que formemos todos podemos crear una realidad paralela al sistema, pues coexistimos en una triple energía que nos auto-sustenta

ARTIUX

Contenido

Tequila Sunrise para Negocios

Introducción
La intención de este cóctel

La única forma de hacer un gran trabajo es amar aquello que haces
STEVE JOBS
Empresario, comercializador e inventor estadounidense

El combinado metafórico de este libro representa de forma sencilla sólo las bases en que se expresa la energía de la vida para crear realidad en los negocios. En sus ingredientes ancestrales que existen en todas partes y es posible reconocer, se encuentra encriptada la fórmula que por analogía he llamado Tequila Sunrise para su fácil asimilación. Por su naturaleza, la fuerza de estos ingredientes se ha ido incorporando en las más grandes empresas a lo largo de la historia demostrando mantener exitosamente activo al sistema. Y los he concentrado aquí para que aprendas a deleitarlos. Para que aprendas a dominar en la Matrix. Mientras estás dentro de ella y ésta subsiste.

El Tequila Sunrise pretende que hagas tuyos la infusión de fundamentos, desarrolles sus procesos y reconozcas los vehículos que son propios a estos tres ingredientes. Que adoptes la forma positiva de estar dentro para crear una realidad paralela al sistema.

Los ingredientes que representan al Tequila Sunrise en los negocios han evolucionado con un propósito en particular, conseguir todo aquello que cada gran empresa exitosa ha querido conseguir, dinero. Y han contado con un sentido en común, ya que bien combinados han demostrado conformar un gran poder que funciona con eficacia para triunfar en eso que llamamos negocios.

Pues representan los fundamentos que, uno: mueven a los negocios en general en el actual sistema comercial. Y aquí te lo digo claramente: dos, vas a conocer para realizar tus proyectos en particular que coherentemente deseas alcanzar.

En el proceso de servir los tres ingredientes que dan forma al Tequila Sunrise para Negocios, hay que tomar en cuenta la importancia y función que toma el hielo como base de los ingredientes del cóctel, que cada empresa debe saber verter en sus negocios como catalizador, al entender cómo su gélida temperatura desarrolla mejores cualidades al objetivo que se desea plasmar en la realidad material; dando así temple a la mezcla.

Este frío ingrediente enfatiza su acción desde: El inicio de la elaboración: al plantarse con la sólida presencia con la que va a actuar en los ingredientes. Durante la preparación: al mantener la importante temperatura que requiere el cóctel. Y hasta el término de su degustación: al obtener los resultados esperados que produce su efecto.

Esto es, a todo lo largo de la realización de todo proyecto de negocio, por el hecho de que consigue el efecto deseado únicamente al impregnar su fría temperatura en los tres ingredientes del cóctel y cuando éstos se vierten en él, en el orden correcto como aquí se plantea.

Y es a lo largo de la preparación del cóctel, que el hielo irá desarrollando sus características cualidades en su forma de expresión más pura. Cualidades que tienen que estar presentes y deben actuar para precisar acertadamente todos los movimientos de negocios, pues indican cómo dejar en su punto la delicada preparación del Tequila Sunrise para Negocios. Y que irás vislumbrando en adelante en cada ingrediente.

Asimismo, aprenderás de algunos puntos de vista de diversos autores, puntuales estudios sobre estos principales ingredientes usados en los negocios, y las reglas más sobresalientes que han seguido algunos de los más importantes hombres de negocios. Reglas que los han llevado a conseguir el éxito en sus negocios. Apoyándote en diagramas que te ayudarán a su aprendizaje.

Para que al final, te des cuenta de que la correcta preparación de este elixir combinado en tus negocios provoca un efecto único, que desde la mente de tu empresa se eleva a la de tu consumidor como el Efecto Sunrise.

Y una vez llegado ahí, te permitas comprender cómo conducir el rumbo de negocios que deseas, para que, en adelante, quienes te rodean y el consumidor aprendan a diferenciar los momentos en que este efecto va subiendo a su mente de manera tal que les provoque ganar en su vida y a ti en los negocios.

Depende en gran medida de la correcta combinación del Tequila Sunrise para Negocios, para que tu firma esté bien dotada de todas sus cualidades y que una a una, conformes en tus proyectos y así puedas lograr con ellas el efecto que éstos necesitan, ya que solo con la voluntad de ir por lo que quieres podrás obtener la preparación, la revelación y el resultado que requieres en tus negocios.

Esto es, que al alcanzar la completa visualización de cómo configurar tu compañía, uno: comprenderás cómo desarrollar tus proyectos; dos: controlarás cómo posicionar atinadamente un producto; y tres: notarás el efecto que puede surtir el Tequila Sunrise para Negocios al encumbrarse en la mente e incidir en la decisión de compra del consumidor, al actuar puntualmente en los momentos decisivos en que tus proyectos y tus negocios son seguidos por muchas personas. Para ya en general, consigas correctamente tus grandes objetivos de negocios. Viendo así sus resultados materiales como consecuencia del éxito y ganes lo que quieres alcanzar.

El objetivo del Tequila Sunrise para Negocios es que desarrolles plenamente sus ingredientes entrelazados por el hielo necesario, con el fin de que fortalezcas tu compañía, consigas el éxito en tus negocios y obtengas mejores resultados en tu vida; y juntos relacionados a un hecho global: dominar en la Matrix con el Sunrise.

Conociendo la leyenda

Emociónate con tus propios sueños, esta emoción es como un incendio forestal, puedes olerlo, saborearlo y verlo desde una milla de distancia
DENIS WAITLEY
Escritor, orador motivacional y consultor estadounidense

Uno de los secretos que guarda la vida dentro de cada una de las entidades que ésta crea, está perfectamente marcada en un cóctel que es bien conocido por todos; claro que me refiero al Tequila Sunrise. Esta bebida mantiene visiblemente definida su especial combinación, y en la cualidad de cada uno de sus ingredientes, junto al efecto que causan combinados, están reflejadas con precisión las funciones que debe desempeñar cualquier compañía para lograr el éxito.

La presencia del tequila pasa de la tradición a la legalidad por tiempos de la revolución mexicana cuando Porfirio Díaz organiza promover la bebida llamada «vino mezcal» en una feria de San Antonio Texas a la que en ese lugar la llamaron vino tequila por el lugar del que provenía.

Existen referencias desde 1943 para proteger el nombre de «tequila» y obtener la exclusividad de su uso, centradas en una larga historia que asocia a la industria con la región, el pueblo y el cerro con esta bebida. Desde 1958 México protege las denominaciones de origen y su registro internacional.

La Denominación de Origen (DO) es el nombre de una región geográfica que sirve para designar un producto originario de la misma y cuya calidad o característica se debe exclusivamente al medio geográfico. Los productos que tengan denominación de origen en el mundo no pueden ser producidos en cualquier lado más que en su lugar original. De todo el mundo, sólo 187 municipios de cinco estados en México tienen permitido y pueden producir tequila. La Denominación de Origen Tequila (DOT) comprende todo Jalisco y algunos municipios de Michoacán, Nayarit, Guanajuato y Tamaulipas. Esto significa que todas las bebidas denominadas tequila, tanto en México como en el extranjero, deberán provenir de fábricas instaladas en esta región, bajo vigilancia del Consejo Regulador del Tequila (CRT). Así ya nadie puede utilizar la Denominación de Origen Tequila, es decir la palabra tequila, para distinguir ningún producto, si no es con la autorización del Estado mexicano, a través de la institución designada para la protección de la misma, que en este caso es el CRT.

En México se tiene la Denominación de Origen Tequila, y es considerado como la bebida nacional.

La industria tequilera busca la exclusividad al uso del vocablo agave para el tequila en sus botellas. Esto significa excluir a otros industriales que venden productos con la misma materia prima. Pues argumentan que existen en el mercado bebidas que aun estando hechas a base de la planta agave, son solamente destilados no hechos totalmente con la especie tequilana wever variedad azul. El consumidor compra las bebidas pensando que es un auténtico tequila de agave azul, sin ser así.

Cabe destacar que a este esfuerzo también se unen los productores de otras bebidas no genéricas o destiladas, que también se hacen con agave. Es el caso del mezcal y la bacanora, mismas que también se ven afectadas por marcas que utilizan la fama construida por estos productos.

Por ello debemos conocer las diferentes clases de tequila que son cinco y van de menor a mayor madurez: blanco, joven, reposado, añejo y extra añejo. Y para ser considerado agave 100 por ciento, debe ser de una sola especie de esta planta sin mezclarse con otras especies de agave.

Las Casas tequileras y sus más de 200 años de tradición refuerzan su presencia para ver consolidado su reconocimiento en el mercado internacional.

Ya para la década de los sesenta el tequila es relativamente famoso en el mundo y especialmente en algunos países como Japón y España. Desde 1973 se solicita la Declaración General de Protección de la Denominación de Origen «Tequila». Se establece un convenio entre México y los E.E.U.U. mediante el cual México está de acuerdo en impedir el uso del nombre «Bourbon» dentro de su territorio y los E.E.U.U. publican el reconocimiento al Tequila como producto distintivo y exclusivo de México en el Federal Registre. En 1974 Canadá restringe el uso del nombre Tequila a productos provenientes de México y el gobierno mexicano otorgó la protección a la Denominación de Origen Tequila. En 1977 se amplía el territorio de Denominación de Origen hacia algunos municipios de Tamaulipas.

En 1978 se obtiene el certificado del registro del Tequila en el «Registre International des Appelations D'origine» de la Organización Mundial de la Propiedad Intelectual (Génova, Suiza). En 1981 la Provincia de Quebec (Canadá) manifiesta su reconocimiento a la D.O.T. En 1982 Dinamarca reconoce la D.O.T. pero ha tardado años el reconocimiento de otros países. En Rusia se obtiene en 2012.

Hoy en día, el tequila cuenta con uno de los más altos estándares de calidad y prestigio. Y se posiciona sin duda como una de las más reconocidas bebidas que se producen en México y se comercializan alrededor del mundo. La historia del tequila y de sus Casas está estrechamente relacionada, ya que sus dinastías tequileras son tan antiguas que, al día de hoy, este famoso licor, es uno de los más cimentados en el mercado mexicano e internacional.

El mercado del tequila en México está en la región tequilera por excelencia que es el Bajío, sin embargo, el centro del país concentra gran parte del consumo por la densidad de población. En México, aproximadamente el 60 por ciento de los consumidores de tequila prefieren tomarlo como cóctel Paloma. Se consumen aproximadamente 100 mil Palomas por hora.

Estados Unidos es el país de mayor venta de tequila por encima de México con un consumo aproximado de 11 millones de cajas. En E.E.U.U. el mayor consumo se genera a través del cóctel Margarita, ya que se consumen aproximadamente 200 mil Margaritas por hora.

El tequila representa una de las mejores cartas de México en el mundo y su exclusivo sabor es cada vez más deseado en los mercados internacionales. (Revistafortuna; Consejo Regulador del Tequila, 2013)

El Tequila Sunrise fue acuñado por Gene Sulit, un antiguo empleado quien trabajó en el Arizona Biltmore Hotel, de diversas ocupaciones entre las décadas 1930 o 1940, durante su tiempo como camarero, después de que uno de sus clientes habituales le pidió un cóctel que combinara su amor por el Tequila, con su preferencia por degustar bebidas junto a la piscina. La historia, se puede encontrar en detalle en la barra Wright del resort. (Phoenixnewtimes, 2015)

El Tequila Sunrise que fue creado y servido por primera vez, contenía originalmente (tequila, crème de cassis, jugo de limón y agua de soda).

El moderno Tequila Sunrise es un cóctel hecho de tequila, jugo de naranja y jarabe de granadina y es servido sin mezclar en un vaso alto con cubos de hielo.

Esta bebida se originó en California a principios de 1970 y fue creada por los jóvenes Bobby Lazoff y Billy Rice mientras trabajaban como camareros en el Trident en Sausalito, California, al norte de San Francisco.

El cóctel se llama así por su apariencia de gradación de colores cuando se sirve, que se asemejan a un amanecer.

Y aquí está contenida la relación que este cóctel mantiene con los negocios, está en la evolución; que una vez obtenida, es muy importante para lograr el característico sabor y efecto del Tequila Sunrise, al activar el poder combinado que sus ingredientes tienen. Evolución que, en una compañía, es el resultado de lograr la diferenciación, el liderazgo y la independencia financiera, presente para activar correctamente sus ingredientes a través de la función de sus órganos, que tienen como objetivo desarrollar la combinación de sus cualidades secretas para obtener el Sunrise en tus negocios.

En 1972, en una fiesta privada en el Trident, organizada por Bill Graham para dar comienzo al Rolling Stones gira 1972 en Estados Unidos, Mick Jagger pidió uno de los cócteles, le gustó, y él y su comitiva comenzaron a beberlos a fondo. Más tarde los ordenaron a lo largo de todo Estados Unidos, incluso renombraron su tour como «cocaína y tequila sunrise tour». (Wikipedia, 2015). En mi opinión, esa decisión cambió la realidad y manifestó algo único.

De esto se trata el éxito, de tener la decisión de lograr un objetivo con la intención de crear una nueva realidad, que con determinación sea tan diferente, que se haga especial.

Del Tequila Sunrise para Negocios

¿Mi más grande motivación? seguir retándome a mí mismo
RICHARD BRANSON
Inversionista y hombre de negocios inglés

Ciudad de México. 1999. Dos años después de la universidad. Profesor de negocios de diseño. El sol se levanta, la fiesta abunda, la Matrix atrapa, los negocios cautivan y sin embargo… la vida crea… Observando las posibilidades: A elevar el sol y a reflejar la vida.

Horario completo, alta pasión, poca ganancia. Me casé. Buscando mejores oportunidades cambié de trabajo. Unos antiguos conocidos quienes 8 años atrás ellos me pidieron que yo les regalara un dibujo mío como obsequio personal, lo que me pareció halagador, aunque ellos no me dieron algo a cambio, me buscaron de nuevo ofreciéndome una plaza. Bienvenido Yucatán, el trato era, trabajas para nosotros, sueldo raquítico, pero vives rodeado de paz en un lugar paradisíaco, y con el tiempo, te irás soltando solo. Pero, surgió un detalle, yo era su marketing designer 'para cosas grandes' como ellos lo definieron, y ¿me cerraban las puertas a realizar el estudio de perfil y preferencias del consumidor y de tendencias de la competencia en el mercado? Tuve una plática con algunos de sus empleados para hacer un nuevo diseño, cuando vi impreso en playeras aquel dibujo que me pidieron regalado y entonces me lo dijeron todo. Ya habían ganado miles con el dibujo y fue todo un éxito para ellos por varios años sin comentarme una sola palabra, y cuando se agotaron esa mina de oro, me buscaron de nuevo. Eso no es honesto. ¿Solo querían exprimirme? Si pretendían tener éxito, así no funciona. Y, por otro lado, ese no era el trato. Ni se cumpliría con su tipo de tratos. O acaso, ¿me veían como su propia competencia? Todo dio vueltas y de regreso a Ciudad de México como profesor, se redujo la planta y me quedo sin trabajo. ¿Errores cometidos? No, aprendizajes inolvidables. En la búsqueda del éxito poca gente está de tu lado, aunque en tus condiciones no favorables, puede ser que hasta tus más cercanos duden, desconfíen y cambien de opinión de ti tan pronto como puedan. Otros, meramente te ven como un obstáculo. Y hay quienes conocen tu talento y por ello te ignoran, o no eres visto con buenos ojos. Buscando trabajo y siendo ignorado. El tiempo pasa. Con todas las ganas en aportar mis conocimientos para fructificar con una empresa, y lo mismo. Solicitudes rechazadas. Una y otra vez. Una verdadera travesía.

En 2007, después de haber recorrido un sinfín de vacantes, de ser acogido por un par de frutos de medio tiempo y poco jugo, sin casa propia, y con dos hermosas hijas; al iniciar mi investigación de tesis de licenciatura en diseño gráfico, decidí realizar un estudio a algunas empresas de diseño. Eso, no solo aportaría buenas experiencias sobre el diseño en el contexto de los negocios, sino también, ese estudio me serviría de base para después dilucidar: Cómo se expresa la energía de la vida para crear realidad en los negocios. Cómo sus tres fuerzas son indispensables en todo tamaño de empresas a modo de ingredientes. Y cómo estas requieren ponerlos a trabajar al unísono y combinar bien para provocar el éxito en los negocios.

Para aplicar este estudio, primero, envié los documentos por e-mail a Antonio Pérez Iragorri, director de la revista *a! Diseño;* a quien después contacté por teléfono y le describí el proyecto que llamé: «La Administración del Diseño en Compañías de Diseño de Ciudad de México» solicitando su permiso para consultar información de diversos ejemplares de sus revistas mencionando la referencia. Le dije, «La intención es demostrar la importancia del diseño en los negocios, y, además, que actúa junto con otras dos disciplinas, las tres son de máxima relevancia a la hora de hacer negocios». Accedió amablemente y tuvo una respuesta positiva e inmediata al proyecto. Él me respondió, «Me gusta tu interés en los negocios, puedes tomar la información que necesites».

Mi objetivo era entrevistar doce oficinas de diseño. A lo largo del estudio solicité la colaboración a treinta y dos compañías de diseño, fue un trabajo de mucho insistir que duró meses. A cada una le envié vía e-mail la información de la entrevista que aplicaría, con mi identificación de egresado de la UNAM, mi dirección y teléfono local. Después de una o dos horas, las contactaba por teléfono para hacer la invitación a participar en el estudio y explicar la intención de este. Me indicaban que pasarían la información y que llamara de dos a tres días después. Volví a llamar a cada compañía el día indicado para preguntar si estaban de acuerdo y en su caso, acordar una cita. Veinticuatro oficinas aceptaron analizar la información por lo que con ellas debía ser no solo insistente sino convincente y lograr mi objetivo.

Para lograr la visita les decía, «Ustedes son las principales compañías que saben cómo llevar al éxito un proyecto de diseño. Sus diseños están en todo el país y muchos llegan a diversos países de América, ¿por qué no le retribuyen con su conocimiento a la profesión?» Después de darles un extenuante seguimiento, sólo doce comenzaron el proceso de visita. ¡No era posible! 'El talón de Aquiles' del diseño es su falta de interés por la gran mayoría de las empresas y la reacción de las compañías de diseño a un proyecto, que en teoría colaboraría a su reconocimiento en los negocios, no era el que se esperaría de quienes se preocupan por los negocios de su profesión.

A pesar de quedar plantado en varias ocasiones, incluso dentro de sus instalaciones, seguí insistiendo a fondo. Conseguí que ocho de las treinta y dos compañías accedieran a ser entrevistadas. Me cercioré de adaptarme a su tiempo para su comodidad. Apliqué la entrevista a cada compañía según fueron haciéndome un espacio en su agenda. A los lugares acordados llevé la entrevista impresa para leer las preguntas y ahí apuntar las respuestas.

Cinco de ellas fueron visitadas en sus oficinas, tres contestaron la entrevista vía correo electrónico y una por conversación de llamada telefónica. No había despacho importante que quisiera continuar el proceso, y yo debía conseguir mi objetivo, así que ocupé el apoyo del señor Iragorri obteniendo la información de algunos de sus ejemplares, para las tres oficinas restantes. El estudio terminó hasta que reuní su información completa. Dos años. Fue un arduo trabajo.

Apenas después de mi divorcio, me gradué.

En 2010, conocí a un ex director comercial de una de las empresas de Grupo Carso del señor Carlos Slim. Era Pedro Jaime Ochoa, quien emprendía su propio negocio y de quien aprendí las bases del MLM a través de sus conferencias. Y ese fue el punto en que me quedó bien claro. Los negocios ya habían conseguido un avance relevante para tomar un nuevo curso dentro de la Matrix, se había expresado su evolución. Al conocer el mercadeo de redes me di cuenta de que en los negocios ya se había desarrollado la energía creativa de la naturaleza con la fórmula que visualizaba la libertad financiera, lo que empujaría a las empresas a tener que adoptar esa forma de hacer negocios para no quedarse en el camino. Y todo eso respaldaba fuertemente cómo yo notaba y podía sentir que la energía de la naturaleza se expresa como tres ingredientes para en algún momento tomar evolución y crear la realidad en este caso en los negocios.

Sin embargo, empleado como profesor 'intermitente' en negocios de diseño, bajo las peores condiciones del mercado laboral, con todo el mundo en contra y con la euforia acumulada por alcanzar el gran panorama del éxito, me dan las gracias de ese empleo con lo que alcancé mi punto de quiebra.

Con la idea de emplearme para después emprender mi propio negocio, llegué a Mérida. Yucatán de nuevo. Buscando trabajo. Humedad 80 por ciento, 38 grados centígrados promedio, la camisa 'formal' ceñida al cuerpo del sudor. ¿Caminar? mis zapatos a punto de romper. Unas cuantas monedas en mi bolsillo. Mi piel ardía al rojo vivo. «¡Hay que seguir, siempre seguir! Nuevas escuelas, otras empresas. ¡Qué mejor!» Pero… La misma historia. Me daba cuenta de confabulaciones, amiguismo y demasiada discriminación regional. Al mismo tiempo, embestidas a mi emprendimiento, una y otra vez. Desde posibles socios de negocio quienes me buscaban, y se decían ser mis socios sin querer firmar un contrato. ¿Entonces, cómo quieren hacer las cosas bien? Eran embestidas de una y otra persona, todos fueron críticos sin conocer de que trataba el negocio que yo desarrollaba; intromisiones a mis quehaceres sin respetar mi tiempo, mi espacio, ni mis cosas para trabajar; o disgustos cuando lograba un avance, o porque llevo mi vida con comprensión. Eludía todo lo que minimizara mi trabajo. También se molestaban conmigo porque no me contrataban. Si veían que yo estaba viviendo un nuevo comienzo, ¿por qué mostraban todos los signos de no querer ver a alguien levantarse? Esto sucedió hasta de quienes menos esperas.

Y esto tiene un por qué. Es evidente, porque en el fondo se permiten creer que si ellos no pueden salir de donde están, menos lo va a hacer alguien quien ha pasado por un gran bache y se está levantando de nuevo. Y con ello, están proyectando que son ellos quienes no aceptan la vida tal cual es, y, por ende, que no conocen el verdadero camino del éxito.

Así que, a finales del año 2013, harto de la situación, me puse a trabajar a fondo en describir esa energía única de la naturaleza que crea la realidad. La fuerza que está en todas partes y se expresa en tres diferentes frecuencias pero que hay que activar. Energía que no encontré despierta en la gente, pero sé con certeza que todos llevamos dentro, que se activa de la misma manera para ser desarrollada en los negocios y que alguna vez deseé aplicar en una empresa.

Tal vez tardé mucho tiempo en difundir la forma en que veía trabajar los negocios tras buscar ser contratado y la forma de activarlos. Ahora sé que fue parte de mi proceso de maduración. Sin embargo, en adelante, sé que este combinado obtendrá los mejores frutos. Porque ahora esa energía a la que me refiero estará activada en ti. Pues es la energía trina que nos mueve a todos y mueve todo donde se concentre. Esa energía es la fuerza que hace posible levantarse desde cero, y ya se ha desarrollado en los negocios para lograr lo que todos buscamos, la libertad financiera. Pero, por el momento, sólo deseo forjes esto como Tequila Sunrise para Negocios, porque sé que: *Triunfar es combinar tu inteligencia y entusiasmo. Si lo único que te queda es levantarte, tómalos y consigue lo que te apasiona.*

ARTIUX

Antecedentes en los negocios
Rompiendo el hielo

No dejes que el miedo a perder sea mayor que la emoción de ganar
ROBERT KIYOSAKI
Empresario, inversionista, escritor, orador motivacional y conferencista
estadounidense

Las grandes empresas transnacionales se han caracterizado como organismos altamente exitosos, sobre todo por lo que respecta al dominio conjunto de tres ingredientes clave que logran la atracción del consumidor en el mercado internacional. No obstante, al permanecer conectados a este sistema e inmersos en el fenómeno de globalización actual y del cual es casi imposible aislarse, se requiere introducir rápida y eficazmente las estrategias que aseguren la verdadera fuerza diferencial que detona ganar en los negocios y aplicarlas correctamente como se aprecia en las firmas comerciales con alto nivel de desarrollo.

Parte de ello lo demuestra un estudio de Bruce, Cooper, & Vazquez (1999) aplicado a pequeñas empresas del Reino Unido en el que sus resultados sugieren, que los pequeños empresarios necesitan incrementar su interés en el diseño e incorporarlo como proceso a sus empresas, incluyendo aquellas empresas que aprovecharon las ventajas del diseño y lo apreciaron como un elemento benéfico para el éxito de sus proyectos. El estudio señala que una de las principales causas del fracaso del diseño en este tipo de empresas es el poco interés y compromiso que los empresarios muestran hacia el diseño.

De igual modo, Iduarte & Zarza (2004) estudiaron la manera en que las Micro, Pequeñas y Medianas Empresas (MiPyMEs) del Estado de México hacen uso de servicios profesionales de diseño, consideran que conocer los métodos de administración del mismo y saber cómo se aplica en este tipo de empresas aumentan el conocimiento en los diseñadores sobre cómo es que los micro, pequeños y medianos empresarios administran y aprovechan el diseño. Indican que a pesar de que se considera al diseño como un elemento muy importante, es claro que existe un bajo entendimiento y compromiso del diseño por parte de los gerentes y que un alto porcentaje de los proyectos de diseño lo realizan ellos mismos o los encargan a sus amigos y conocidos.

El estudio sugiere que los empresarios ven al diseño como un proceso externo de barata y ocasional adquisición, en lugar de percibirlo como un proceso necesario en los negocios e integrado a la empresa.

Cabe mencionar que, aunque un amplio porcentaje de los empresarios indicó que los diseñadores contratados mostraron una actitud pasiva, desentendimiento a los requerimientos y condiciones empresariales, constantes retrasos en el proceso y falta de experiencia refieren que el uso efectivo del diseño puede contribuir positivamente a la diferenciación y funcionamiento de la empresa. Sin embargo, los autores afirman que las pequeñas empresas generalmente desconocen el impacto comercial que puede generar la inversión en diseño.

Asimismo, en un estudio realizado por Guijosa & Frías (2006) a una muestra de 253 consumidores de diferentes clases sociales residentes de la Ciudad de México y el Estado de México, se buscó si los atributos tangibles de un producto son importantes como parte de la intención al momento de realizar la compra. En segundo lugar, identificar si, además, los consumidores tienen en mente o consideran al momento de la compra aspectos subjetivos de tipo simbólico.

Respecto al primer objetivo específico planteado, se encontró evidencia que indica que el diseño es concebido como un conjunto de atributos tangibles, relacionados con un sentido de pertenencia y autosatisfacción e incide en las elecciones de compra de un individuo por lo que sus preferencias se inclinan por las características «estéticas» de un producto, pero la variable necesidad está de por medio pues su elección es delimitada por la calidad.

Los resultados del segundo objetivo del estudio encontrados indican que, los motivos de compra tienen que ver con un razonamiento valor-precio basados en aspectos subjetivos, un valor añadido simbólico de índole afectiva emocional, a través de los estímulos, sentimientos y simbolismos que el diseño comunica.

También, Google en diciembre de 2011, publicó en línea el «ZMOT e-book: Ganando el momento cero de la verdad», que mostró el nuevo modelo mental que ahora propone el consumidor.

En ese documento, la directora ejecutiva mundial de Saatchi & Saatchi X, Dina Howell afirma, «Hace poco, realizamos un estudio con el propósito de identificar los beneficios emocionales que promueven e inciden en los hábitos de consumo. Los resultados revelaron que los beneficios se derivan de profundas necesidades de reinvención, dominio, seguridad y conexión. Hoy en día, los compradores desean explorar y analizar de qué forma, los productos pueden mejorar su calidad de vida. Exploran para obtener la información que necesitan y se motivan a interactuar con otras personas y fortalecer sus relaciones mientras obtienen información. Los impulsa el deseo de asumir la responsabilidad de su propia identidad y del bienestar de sus familias y hogares».

El estudio sugiere que ahora existe otro momento crucial de decisión que ocurre antes de que los consumidores lleguen a la tienda. Sin importar lo que se venda, los clientes se llevarán la primera impresión de un producto, y muy posiblemente tomarán la decisión final, en el momento cero de la verdad (ZMOT): la interacción global 24/7 de los consumidores que permite ganar en el día a día.

Seleccionando los mejores cubos

Los ignorantes del siglo XXI no son aquellos que no saben escribir ni leer, son
aquellos que no pueden aprender y desaprender y volver a aprender
ALVIN TOFFLER
Escritor y futurista estadounidense Doctorado en Letras

Los estudios mencionados parecen indicar, por un lado, que se desconocen los beneficios que el diseño puede traer a sus empresas, por otro, que se gestiona con una administración deficiente al omitir la integración del diseño como proceso interno de la empresa, y por último, que se requiere un mayor y preciso énfasis en el uso de la mercadotecnia para satisfacer los beneficios estéticos y emocionales que busca el consumidor. Disciplinas que de ser debidamente aprovechadas pueden asegurar la correcta realización del proyecto, la adecuada aceptación del mercado y la eficacia en el funcionamiento de la empresa.

En suma, se ha generado un fenómeno en el momento crítico de decisión de compra, en el que de enfocar los esfuerzos mencionados puede desembocar en la participación aval del consumidor, que ahora es de vital importancia para ganar en los negocios.

Si observamos el panorama de los negocios, situándonos dentro como generadores de ellos y desde afuera como sus consumidores finales, apoyados en los indicadores de los anteriores estudios, puede existir suficiente evidencia que apunta a una gran falta de atención y conocimiento:

Primero, entre las MiPyMEs, hacia las tres disciplinas que actúan como los principales pilares de los negocios, que bien desarrolladas conjuntamente pueden definir el engrandecimiento de una empresa y generar mejores productos que satisfagan las constantes exigencias del mercado.

Después, a la aparición de un nuevo modelo de compra que se basa en la información que comparten los consumidores sobre los mejores productos, que determina en gran medida un nuevo momento en el proceso en el que se satisfacen las necesidades de los compradores, que incidirá en el éxito o el fracaso de casi todas las marcas en el mundo.

Adicionando los cubos de hielo necesarios

No hay reto que no podamos alcanzar trabajando unidos, con claridad de los objetivos y conociendo los instrumentos
CARLOS SLIM
Empresario y filántropo mexicano

Los negocios con esta receta requieren de la dosis correcta de hielo, el cual, contribuye en gran medida con el objetivo requerido por cumplir en los negocios, conseguir el éxito.

El hielo que aquí complementa al Tequila Sunrise para Negocios, que en este caso es necesario para estimularte a conseguir lo que quieres alcanzar, con el fin de que tengas bases reales y de que observes cómo es posible proyectarte correctamente al éxito con un proyecto de negocio, es el testimonio de 9 de los empresarios más ricos del mundo.

Estos testimonios como casos de éxito, muestran y tienen los suficientes elementos para considerarlos como referencia, pues cada uno de ellos, encaja perfectamente con el desarrollo de los ingredientes del cóctel, esto es, del Tequila, la Naranja y la Granadina, por lo que corresponde al desarrollo de los negocios en general, en la gran diversidad de sus movimientos acertados; en lo que respecta al trabajo de cada lección en particular, que en su conjunto colaboran para construir el Sunrise en una compañía. Y sé que éstos, te expresarán la mejor de las experiencias como parte de la fantasía Tequila Sunrise, que he elegido para ti. Hielo que tiene como nombre: Las 9 mejores reglas Tequila Sunrise para el éxito, de los multimillonarios del mundo. Los testimonios de los multimillonarios aquí presentados son parte de los mejores cubos de hielo seleccionados que hacen resonar el vaso y muestran el brío del Tequila Sunrise para Negocios.

Haciendo resonar el vaso adecuado

Si no construyes tu sueño, alguien va a contratarte para ayudarle a construir el suyo

DHIRUBHAI AMBANI

Magnate de Negocios Indio

Tequila Sunrise es un breve registro de cómo trabaja el sistema comercial de realidad artificial bajo el que vivimos. Es la entrada al conocimiento de la energía trina que sustenta el sistema natural y que su fuerza creativa se ha desarrollado por naturaleza en la sociedad, pero se le ha establecido el sentido de corporación, comercialización y consumismo para no dejar ver el verdadero origen de esta energía, construyéndole el nombre de sistema comercial que ha encajado muy bien en el mundo. Sin embargo, al ser el único sistema que todos reconocen para obtener el sustento y principalmente los niveles empresariales dominantes utilizan para prosperar y lograr el éxito, es apremiante conocer para no solo sobrevivir sino poder dominar en la Matrix y seguir contribuyendo al desarrollo de nuestra sociedad.

Hablar de la energía trina en los negocios, es porque dentro de la Matrix, esta energía por supuesto, comenzó a expresarse como proyección mental de su entidad digital. Cada que la humanidad ha logrado avances y nuevas ideas para el bienestar y calidad de vida, por naturaleza están basados en la energía trina que genera una condensación que se ordena, expande y evidencia con la misma intención con la que se crea como lo hace la naturaleza. Sin embargo, para poder ser manipulada por unos cuantos a través de la historia, a esa proyección mental para crear se le confirió la pose de generador holográfico de objetos del deseo incorporándose así en los negocios. Se instaló en la mentalidad de todos como la única meta de ilusiones por seguir, con el fin de obtener más y más bienes de capital y de consumo masivo. Como la única forma de obtener bienestar ostentando riqueza. Una idea difícil de erradicar.

No obstante, los ingredientes de la energía trina buscan la armonía por impulsos aleatorios de creación, para volver a tomar orden, lograr expansión y dejar evidencia, adaptándose de la mejor manera a la situación.

Tequila Sunrise es la forma en que se expresa la energía de la vida en todas partes frente a tus ojos para crear realidad. Si parece que se encuentra encriptada es porque mantiene el código natural del universo que la mayoría hasta hoy no puede entender. Si denomino como ingredientes a sus tres grandes fuerzas es porque son irremplazables. Siempre han existido por eso son ancestrales. Y es para Negocios porque quiero que entiendas cómo se ha puesto a funcionar en los negocios, para que tengas éxito en ellos.

Por tanto, Tequila Sunrise para Negocios es la brecha abierta puesta ante tus ojos que ilumina tu visión para que puedas apoyarte en el sistema con la fuerza de la verdad. Tiene la intención de cambiar el paradigma de no poder tener un negocio propio exitoso. Tiene el propósito de erradicar la programación implantada de obstáculos y escases con la que vives, para establecer la de fluidez y abundancia a través de los negocios que quieres vivir.

La programación con la que se mueven los negocios y la base que vas a aprender es escrupulosa, aun así, lo que necesitará de tu mayor concentración será el modo en que puedas hacerla funcionar con un negocio paralelo al sistema. Me refiero a aquel que pueda generar abundancia y al mismo tiempo impactar positivamente tu vida y genuinamente la de los demás dentro del mismo sistema. Algo de lo que te hablaré después.

En resumen. La fuerza combinada con la que trabajan todas las cosas encontró cause para brotar dentro de la Matrix y tomó forma a través del egregor que el sistema y la sociedad le dotaron como sistema comercial. Sin embargo, la grandeza de la vida siempre sabe cómo regresar a su estado original.

Lo he notado porque reconozco la belleza en que se expresa la vida para crear realidad y tras mi búsqueda por descifrarla distinguí cómo se ha desarrollado en la sociedad, porque en mi trayecto además de amor por lo que hago, he sentido el impacto negativo del sistema en mi vida, pero no me dejé caer, he preferido levantarme, aunque comience desde cero creando mi propia realidad.

Puestos los recipientes en la barra

Sabía que si no lo lograba no lo lamentaría, pero también sabía que la única cosa que podría lamentar sería no intentarlo
JEFF BEZOS
Fundador y CEO estadounidense

Los proyectos no caminan por sí solos, necesitan de tu intención y tu deseo para finalmente materializarse.

Con esto quiero decir, que, si de verdad quieres lograr el éxito, estás dejando una posibilidad como tendencia a existir en la realidad, si eres muy específico en cómo la quieres y si trabajas a fondo en conseguir lo que necesitas. En pocas palabras, estás reuniendo la energía necesaria para que esta se proyecte en tu realidad, y, por tanto, estás abriendo un vórtice, el cual, dará cabida a la acumulación de energía que has generado, ordenándose como tú lo has dispuesto para detonar con la misma fuerza que deseaste hacerla realidad. Realidad que te está esperando.

Por ello selecciona bien lo que realmente quieres, a lo que dirigirás toda la fuerza de tu intención, ese objetivo será en quien descargarás lo mejor de ti si sabes dar la frecuencia adecuada a cada ingrediente para lograr los negocios que esperas. Si lo haces, eso que tú realmente quieres resultará de ello y se adaptará a tu petición para armonizarse contigo.

Selecciona bien a tus colaboradores, a tu segmento representativo y a tu mercado meta; para encontrar correctamente a tu fiel consumidor. Es decir, elige bien los hielos que necesitas, que representan la misma intención que quieres tomar como resultado.

Una vez que tengas listos los elementos que necesitas en la barra, tanto el vaso que recibirá el preparado, como el hielo que dará vigor a este, entonces vierte uno a uno los ingredientes que has desarrollado en tus negocios y otorga sus cualidades a tu firma, tu marca y tus productos o servicios. El vertido de los ingredientes irá tomando fuerza, sabor y consistencia al entrar en contacto con los cubos de hielo que elegiste y combinarse todos y cada uno de ellos. Que dotará de sus efectos a tu consumidor final, en base a lo que quiere y en los momentos que lo requiere.

Ajusta las dosis correctas que te serán dadas, hasta lograr un cóctel en su punto. En verdad deseo que a través del Tequila Sunrise para Negocios consigas la realidad que deseas.

Sirviendo el Tequila en los negocios
La administración

La administración es la eficiencia en subir la escalera del éxito; el liderazgo determina si la escalera está apoyada en la pared correcta
STEPHEN COVEY
Educador, autor, empresario y el principal orador estadounidense

Como el primer ingrediente del Tequila Sunrise para Negocios, su función es la de conformar la estructura mediante la cual se cimentará la conducta de tus negocios. Su tarea principal es proporcionar la sustancia activa que dará carácter a los objetivos de tu compañía con el propósito de mantener su presencia en los negocios y dirigir sus efectos a tu público.

Según Chiavenato (2001) la palabra administración viene del latín *ad* (dirección, tendencia) y *minister* (subordinación u obediencia), y significa cumplimiento de una función bajo el mando de otro, esto es, prestación de un servicio a otro. Sin embargo, el significado original de esta palabra ha sufrido una radical transformación.

La administración, tal como la conocemos hoy, es el resultado histórico e integrado de la contribución acumulada de numerosos pioneros: filósofos, físicos, economistas, estadistas e incluso empresarios que con el transcurso del tiempo fueron desarrollando y divulgando obras y teorías en su campo de actividades. Por tanto, no es de extrañar que la administración moderna utilice ampliamente ciertos conceptos y principios descubiertos en las ciencias matemáticas, como la estadística; las ciencias humanas como la psicología, la sociología, la educación o la biología; en las ciencias físicas como la física o la química; así como en derecho e ingeniería entre otras.

En su trayecto surgieron teorías administrativas importantes que tienen sus enfoques principales y cada una privilegia una variable que enfatiza el punto de vista desde el que se desarrolla. Aunque el propio contenido de estudio de la administración varía enormemente según la teoría o escuela considerada, en cierto modo todas las teorías administrativas son aplicables a las situaciones actuales para emplear en cada contexto, por ello la administración se ha convertido en una de las áreas más importantes de la actividad humana.

A pesar de todo el progreso alcanzado por el conocimiento humano, la llamada ciencia de la administración solo floreció a principios del siglo XX, y fue un acontecimiento histórico de trascendencia.

La administración constituye una actividad importante en una sociedad pluralista que se basa en las actividades de cooperación que las personas desarrollan en las organizaciones. A partir del momento en que las organizaciones alcanzaron cierto tamaño y complejidad, su administración comenzó a presentar dificultades y desafíos ignorados hasta entonces por los directivos, que necesitaron nuevos desarrollos administrativos.

Este proceso es constante y requiere un conjunto de personas distribuidas en diversos niveles jerárquicos que se ocupan de asuntos diferentes, por ello, la administración se ha convertido en una de las áreas más importantes de la actividad humana. Al vivir en una civilización donde el esfuerzo cooperativo de las personas es la base fundamental de la sociedad, la administración es imprescindible para la existencia, la supervivencia y el éxito de las organizaciones.

De ahí surgió la creciente necesidad de desarrollar una teoría de la administración que permitiese ofrecer a los directivos de las organizaciones modelos y estrategias adecuados para la solución de sus problemas de negocios.

En este sentido es importante que conozcas algunas definiciones de la administración para enriquecer nuestro panorama y entender el significado general de la disciplina:

Taylor, mencionado en Chiavenato (2001) argumenta que la administración tiene énfasis en las tareas que se desempeñan al interior de una compañía cuando al concentrar la atención en incrementar la eficacia de la empresa se deba primero atender el aumento de eficiencia en el nivel operacional.

Para Fayol (como se citó en Chiavenato 2001), la administración es una ciencia social aplicada que estudia las organizaciones, encargada de planificar, organizar, dirigir, coordinar y controlar los recursos de una organización (humanos, financieros, materiales, tecnológicos, intelectuales, etc.) con el fin de obtener el máximo beneficio posible económico o social, según sus objetivos, en el que la empresa parte de un enfoque sintético, global y universal que inicia con su concepción anatómica y estructural como organización. Para él, administración es un todo del cual la organización es una de las partes, y sólo refiere al establecimiento de la estructura y de la forma, por lo tanto es estática y limitada. La organización formal se basa en la división del trabajo racional, está planeada en el papel, explicada, descrita con reglas, procedimientos y cargos. La organización informal aparece espontánea entre las amistades y grupos de antagonismo sin aparecer en un organigrama, o en cualquier otro documento formal.

De acuerdo con Kaplan (2014) la administración es una gestión intercultural y social, basada en un enfoque interdisciplinario.

García Padilla (2014) dice que, ya que la administración moderna de una organización está centrada en la estrategia y enfocada a las necesidades del cliente, es posible concebir la administración como la gestión que desarrolla el talento humano para facilitar las tareas de un grupo de trabajadores dentro de una organización. Con el objetivo de cumplir las metas generales, tanto institucionales como personales, regularmente va de la mano con la aplicación de técnicas y principios del proceso administrativo, donde su papel preponderante es su desarrollo óptimo y eficaz, lo que genera certidumbre en el proceder de las personas y en la aplicación de los diferentes recursos.

Concepto básico: El proceso de administración es el resultado de la actividad básica de la colaboración hacia un objetivo común, que se manifiesta con los conceptos de organización y estrategia dirigidos a las empresas.

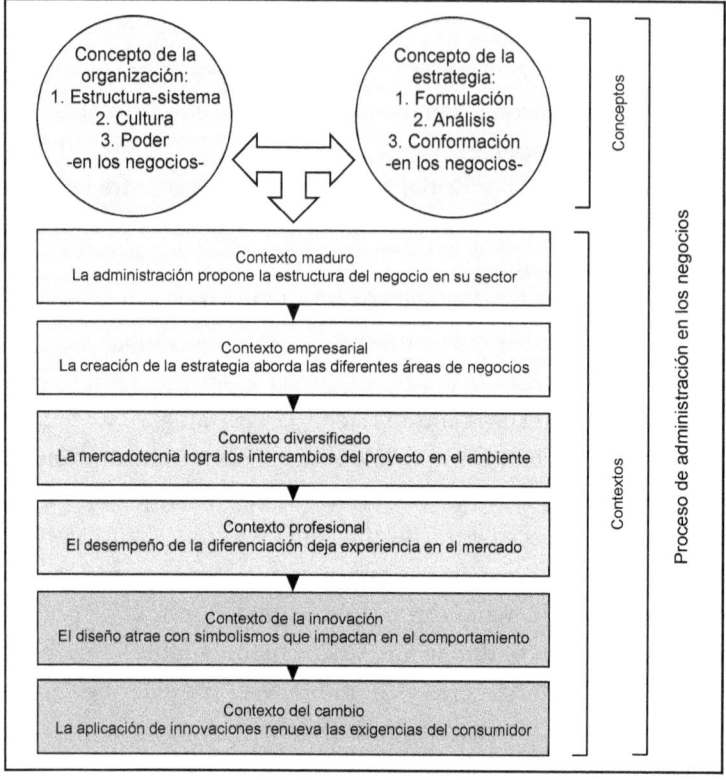

El proceso de administración en los negocios. Adaptado de: Mintzberg, Henry; J. Brian; J. Voyer. *El proceso estratégico. Conceptos, contextos y casos*. México: Prentice Hall Hispanoamericana, 1997. 641 pp. intro.

Administración y negocios

Una organización sin compromiso humano es como una persona sin alma
HENRY MINTZBERG
Académico canadiense reconocido internacionalmente y autor de negocios

De acuerdo con Chiavenato (2001) la Teoría General de la Administración (TGA) es el campo del conocimiento que se ocupa del estudio de la administración en general y de todas las organizaciones. La cronología de los principales eventos de los orígenes de la administración hacia su objeto de estudio ha evolucionado desde los inicios de la civilización:

- 4000 a.C. Los egipcios reconocen la necesidad de planear, organizar y controlar.
- 2600 B.C. Descentralizan la organización.
- 2000 B.C. Reconocen las ordenes escritas y la consultoría.
- 1800 B.C. Hamurabi emplea el control escrito, establece el salario mínimo y reconoce que la responsabilidad no puede transferirse.
- 1491 B.C. Los Hebreos logran conceptos de organización, escalar y excepción.
- 600 B.C. Nabucodonosor controla la producción e incentivos salariales.
- 500 B.C. Mencio en China reconoce la necesidad de sistemas estándares.
- 400 B.C. Ciro en Persia y Sócrates en Grecia enuncian la universalidad de la administración y Platón el principio de la especialización.
- 175 B.C. Catón en Roma usa la descripción de funciones.
- 284. Diocleciano delega la autoridad.
- 1436. Arsenal de Venecia hace contabilidad de costos, verificaciones y balances para control, numeración de inventarios, línea de montaje y administración de personal.
- 1525. Nicolás Maquiavelo principia el consenso, la cohesión y el liderazgo.
- 1767. Sir James Stuart crea la fuente de autoridad, diferenciación de jerarquías basada en las ventajas de la especialización.

- 1776. Adam Smith en Inglaterra principia la especialización de los trabajadores y el concepto de control con el uso de la máquina de vapor y su aplicación a la producción en plena Revolución Industrial.
- 1799. Eli Withney en Estados Unidos emplea el control de calidad y reconoce la amplitud administrativa.
- 1800. James Watt y Mathew Boulton en Inglaterra estandarizan la producción, métodos de trabajo, tiempos, especificaciones, da prestaciones y utiliza la auditoria.
- 1810. Robert Owen aplica prácticas y entrenamiento a empleados y da planes de vivienda.
- 1832. Charles Babbage hace énfasis en la especialización, división del trabajo, tiempos, movimientos y efectos del color en la eficiencia del obrero aplicados en uniformes y anuncios.
- 1856. Daniel C. McCallum en Estados Unidos emplea el organigrama para mostrar la estructura organizacional.
- 1886. Henry Metcalfe emplea la administración como arte y ciencia.
- Desde 1900, comienza la Teoría General de la Administración con los pioneros industriales y los empresarios de las grandes compañías como General Electric, Singer, Rockefeller, Westinghouse, Ford, etc. Y es Frederick W. Taylor quien la hace posible activando la evolución de lo que hoy conocemos como administración empresarial:
- En 1903 con la administración científica al utilizar necesidades de cooperación entre el trabajador y la gerencia, incrementos salariales, principio de excepción aplicado a la planta de producción, estudio de métodos, estudio de tiempos, énfasis en la investigación, planeación y control.
- Le siguió en 1909 la teoría de la burocracia: Con el énfasis en el comportamiento de tranquilidad de los elementos internos de la empresa.
- Después en 1916 la teoría clásica por Henry Fayol: Enfatizada en la gestión de la dirección principal y la subordinación.
- En 1932 la teoría de las relaciones humanas: Con el afán de decisión de todas las personas de la organización.
- En 1947 la teoría estructuralista: Concentrada en el análisis intra-organizacional y los departamentos de la empresa.
- En 1951 la teoría de los sistemas: Dando toda la importancia al ambiente que rodea a la empresa hacia un enfoque socio-técnico.

- En 1954 la teoría neoclásica: Resaltando los principios generales de la administración y las funciones del administrador.

- En 1957 la teoría del comportamiento: Enfatizando los estilos de la administración y la integración de las decisiones individuales.

- En 1962 la teoría del desarrollo organizacional: Empeñada en el cambio organizacional planeado para el crecimiento de la empresa.

- Para 1972 la teoría situacional: Centrada en los cambios que afectan a la empresa con un imperativo ambiental y uso de tecnología.

- Y posteriormente la teoría de la contingencia: Con el énfasis en adaptarse de la mejor forma a los cambios externos con el uso de tecnología.

Al esbozar los pasos graduales de la administración, se muestra el efecto de las diversas teorías con sus contribuciones y puntos de vista válidos para cualquier organización o empresa. Aunque cada teoría surgió como una respuesta a los problemas empresariales de su época, todas las teorías administrativas son aplicables a las situaciones actuales en los negocios.

En ese sentido, Wikipedia.org (2015) dice que un negocio consiste en crear o constituir una entidad con un sistema, método o forma con la finalidad de obtener dinero a cambio de realizar actividades de producción (como lo hace una fábrica), comercialización (como lo hace una tienda o una distribuidora) o prestación de servicios (como lo hace un establecimiento o un taller), que beneficien a otras personas.

Para iniciar un negocio es necesario desarrollar un modelo de negocio, este es entendido como el tipo de actividad a realizar con la estrategia, o plantación de los factores o elementos que compone el negocio. Así es que la actividad comercial o social que se ha pensado y que se desea desarrollar es el núcleo de los negocios. Y conforma una herramienta que nos permite organizar y planificar las actividades que debemos realizar para lograr las metas de nuestra empresa cooperativamente.

Un negocio bien administrado debe tener una tienda que muestre sus productos o servicios, que invite a hacer distintas transacciones de pago. Consiste en realizar profesionalmente las actividades que van desde la producción y más allá de las ventas, por personal distribuido en distintos niveles jerárquicos con responsabilidades bien definidas.

Concepto básico: La vida activa y productiva de las empresas solo se asegura para aquellas que logren alcanzar un sólido conocimiento de sus responsabilidades estratégicas, las disciplinas que lo sustentan y la madurez de su modelo básico de negocios. (Adaptado de Colmenares, 1992, Intro.)

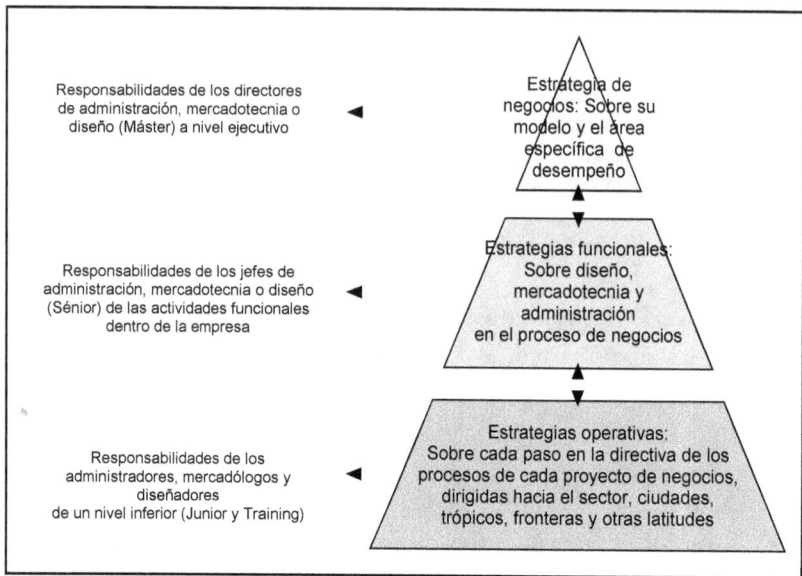

La pirámide de la creación de la estrategia en una compañía de un solo negocio. Adaptado de: Thompson, Arthur; Strickland, A. J. *Administración estratégica. Conceptos y casos.* USA: Mc Graw Hill, 2004. 398 pp. p. 53.

El propósito de la administración

Donde hay una empresa de éxito, alguien tomó alguna vez una decisión valiente
PETER DRUKER
Consultor de administración, educador y autor de negocios austriaco

Para Chiavenato (2001) el mundo de hoy es una sociedad compuesta de organizaciones orientadas a la producción de bienes o «productos» y a la prestación de actividades especializadas o «servicios», que son planeadas, coordinadas, dirigidas y controladas en las organizaciones, las cuales están constituidas por personas y recursos no humanos. La vida de las personas depende de las organizaciones y estas últimas dependen del trabajo de las primeras. Algunas organizaciones son llamadas empresas, tengan o no ánimo de lucro.

En cualquier forma de empresa humana, la eficacia con la que las personas trabajan en conjunto para conseguir objetivos comunes depende principalmente de la capacidad de quienes ejercen la función administrativa, esta función se desarrolla en cada disciplina dentro de una organización.

Cada empresa debe considerarse desde el punto de vista de la eficacia y la eficiencia, simultáneamente.

1.	La eficacia es una medida de logro de resultados.

2.	La eficiencia es una medida de la utilización de los recursos en ese proceso.

Aunque la teoría administrativa reciente ha variado del enfoque de «una mejor forma», empeñarse en lograr el mejor proyecto sin determinar una estrategia correcta, hacia el enfoque de «todo depende de», o lograr una buena estrategia y adaptarla hacia el contexto dependiendo de los movimientos del mercado; toda organización necesita ser administrada de modo adecuado para alcanzar sus objetivos con mayor eficiencia y eficacia. El ideal sería una empresa eficiente y eficaz, lo cual constituiría la excelencia.

Hoy en día la administración estudia a las empresas y demás tipos de organizaciones, desde el punto de vista de la interacción e interdependencia entre las seis variables principales:

1.	Personas: las habilidades de los profesionales de negocios.

2. Ambiente: el desarrollo de la industria de negocios elegida.
3. Tareas: el proceso administrativo en cada área de los negocios.
4. Estructura: la distribución de responsabilidades en la empresa.
5. Tecnología: las herramientas y los medios más adecuados.
6. Competitividad: El diferenciador táctico, de contacto y visual.

Cada una de las cuales es objeto específico de estudio por parte de la teoría administrativa y son los componentes esenciales en el estudio de la administración empresarial.

El comportamiento de esos componentes es sistémico y complejo pues cada cual influye y es influenciado por los demás componentes. Las modificaciones que se llevan a cabo en uno de ellos provocan modificaciones en mayor o menor grado en los demás. Su comportamiento conjunto es diferente de la suma de los comportamientos de cada componente considerado de manera aislada. La nueva variable, competitividad, complementa a todas y cada una de las variables anteriores, porque incorpora el empuje necesario para movilizar a ese todo complejo en la búsqueda de la superación, evitando así la conformidad.

Debido a la creciente importancia de la administración y a los nuevos y complejos desafíos que ella enfrenta, la balanza se inclina diversamente a ciertos aspectos aislados del enorme contexto de variables que intervienen en la estructura y comportamiento de las organizaciones.

En las próximas décadas, los principales desafíos para la administración serán:

1. Crecimiento de las organizaciones: Las organizaciones exitosas tienden al crecimiento y a la ampliación de sus actividades, bien sea en términos de tamaño y recursos, de la expansión de sus mercados o del volumen de sus operaciones.

2. Competencia más aguda: A medida que aumentan los mercados y los negocios, crecen también los riesgos en la actividad empresarial. El producto o servicio que demuestre ser superior o mejor será el que tenga mayor demanda.

3. Sofisticación de la tecnología: Con el progreso de las comunicaciones, el ordenador y el transporte, las organizaciones y las empresas han internacionalizado sus operaciones y actividades.

4. Tasas elevadas de inflación: Los costos de la energía, de las materias primas, de la fuerza laboral y del dinero se elevan continuamente. La inflación exigirá, cada vez más, mayor eficiencia en las empresas para

que éstas puedan obtener mejores resultados con los recursos disponibles y la reducción de costos de operación.

5. Globalización de la economía e internacionalización de los negocios: La actividad de exportación y la creación de nuevas subsidiarias en territorios extranjeros son un fenómeno reciente, que influirá en las organizaciones del futuro y su administración. La competencia se torna mundial debido al intercambio global.

6. Mayor protagonismo de las organizaciones: A medida que crecen, las organizaciones se vuelven más competitivas, más sofisticadas tecnológicamente, más internacionales y, con esto, aumentan su influencia ambiental.

Los principales desafíos de la administración guardan relación con adecuar e integrar las seis variables mencionadas.

Al respecto, Chiavenato señala que la adecuación e integración entre esas seis variables son los principales desafíos de la administración. Y también menciona que a medida que la administración enfrenta nuevas situaciones que surgen con el paso del tiempo y del espacio, las doctrinas y teorías administrativas requieren adaptar sus enfoques o modificarlos para mantenerse útiles y aplicables. Esto explica, en parte, los pasos paulatinos de la Teoría General de la Administración, al paso del tiempo, y de la amplitud y la complejidad graduales.

La tarea básica de la administración consiste en llevar a cabo las actividades de manera ordenada con la participación de todas las personas inmersas en ese proceso, interpretar los objetivos propuestos por una organización y transformarlos en trabajo de equipo a través de la planeación, la organización, la dirección y el control de todas las actividades realizadas en sus áreas y niveles, con el fin de alcanzar tales objetivos de la manera más adecuada a la situación.

Así es que Mintzberg, Brian, & Voyer (1997) dicen que la estructura de la estrategia general debe reflejar la situación de la organización:

1. Su edad.

2. Tamaño o número de integrantes.

3. El tipo de sistema de producción o tareas.

4. El grado de complejidad o tecnología y dinamismo de su ambiente.

Mencionan que, como algunas organizaciones tienen culturas poco desarrolladas o culturas que no son distintivas en absoluto y estas organizaciones con culturas débiles se pueden considerar infructuosas en términos estilísticos.

Y por otra parte, como las empresas con culturas sólidas, por coincidencia o por diseño, se pueden considerar ricas en términos estilísticos, donde sus miembros se identifican con la organización y se comprometen con valores y creencias que son fuente de inspiración, donde estos valores contribuyen a la estabilidad de la organización y son un instrumento que sirve a los miembros nuevos para entender los hechos y las actividades que se presentan ahí dentro.

La cultura organizacional es de suma importancia para entender toda una serie de elementos intangibles que comparten los miembros de una organización; como sus valores, las creencias que guían sus acciones, los sobreentendidos e, incluso, la forma de pensar.

Por ello hay que atender hábilmente los dos niveles en que se presenta la cultura organizacional normalmente:

El nivel observable, como la vestimenta, el comportamiento de las personas y el ambiente material.

Así como el nivel profundo que representa la verdadera cultura como los ritos, las ceremonias, las historias, los símbolos y el lenguaje.

Como los puntos básicos de la cultura y la estrategia organizacional, que ayudarán a cumplir el propósito de la administración.

Concepto básico: Todas las variables de una organización se orientan al trabajo productivo en equipo, estos mantienen interdependencia en todos sus sentidos para una correcta interacción entre sus actividades.

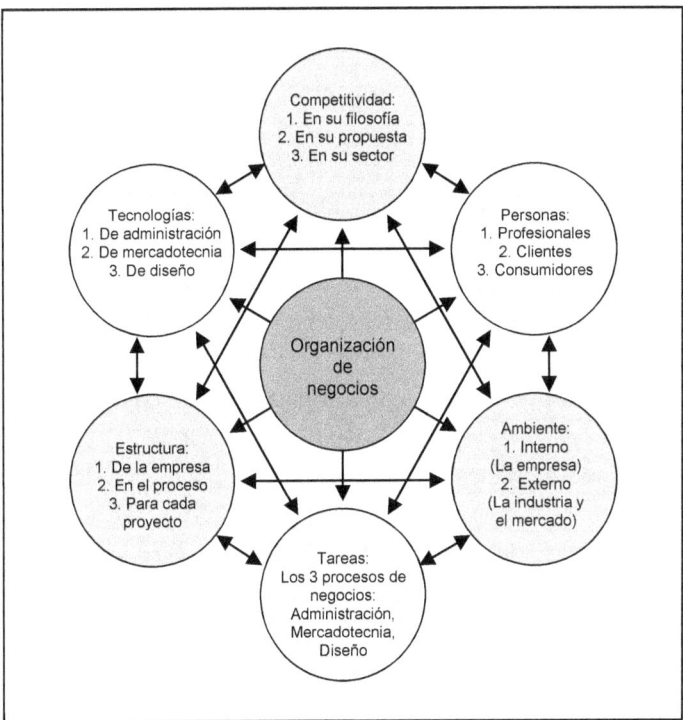

Variables básicos de la administración dentro de una organización. Adaptado de: Chiavenato, Idalberto. *Introducción a la teoría general de la administración*. México: McGraw-Hill, 2001. 1056 pp. p. 14.

La dirección estratégica de la administración

La educación formal te dará una manera de ganarte la vida. La autoeducación te
hará ganar una fortuna
JIM ROHN
Importante filósofo empresarial estadunidense

Chiavenato (2001) indica que la administración parte de la concepción de que toda empresa puede ser dividida en seis grupos llamados las funciones básicas de la administración:

1.   Funciones técnicas: relacionadas con la producción de bienes y servicios de la empresa.

2.   Funciones comerciales: relacionadas con la compra, la venta y el intercambio.

3.   Funciones financieras: relacionadas con la búsqueda y gerencia de capitales.

4.   Funciones de seguridad: relacionadas con la protección y preservación de los bienes y las personas.

5.   Funciones contables: relacionadas con los inventarios, los registros, los balances, los costos y las estadísticas.

6.   Funciones administrativas: relacionadas con la integración de las otras cinco funciones por parte de la dirección. Las funciones administrativas coordinan y sincronizan las demás funciones de la empresa y están siempre por encima de ellas.

Estas últimas funciones, las administrativas, por ende definen el acto de administrar que según Fayol (en Chiavenato 2001) y contienen las funciones universales de la administración que constituyen el llamado proceso administrativo, se hallan presentes en cualquier actividad del gestor y en cualquier nivel o área de la actividad de la empresa:

1.   Planear: visualizar el futuro y trazar el programa de acción.

2.   Organizar: construir las estructuras material y social de la empresa.

3.   Dirigir: guiar y orientar al personal.

4.   Coordinar: enlazar, unir y armonizar todos los actos y esfuerzos colectivos.

5.   Controlar: verificar que todo suceda de acuerdo con las reglas establecidas y las órdenes dadas.

Cualquiera de los integrantes de una empresa desempeña estas funciones al participar en esos lineamientos desde cualquier nivel.

Hil & Jones (2005) explican que para llevar de manera correcta estas funciones administrativas en toda la organización se debe concentrar la atención en el proceso estratégico, este analiza todas las funciones de una compañía, delimita su acción mediante las estrategias pertinentes y las dirige hacia el interior y exterior de la empresa con el fin de obtener los mejores resultados.

De esta manera, la administración introduce el concepto de análisis situacional que se refiere al análisis del entorno interno y externo en el cual se efectúa el análisis de la posición de la empresa. Este análisis implica una combinación de las fortalezas, debilidades, amenazas y oportunidades que enfrenta una empresa.

El proceso de administración estratégica consta de cinco componentes:

1.   La selección de la misión y las principales metas corporativas.

2.   El análisis del ambiente de diferenciación externo de la organización para identificar las *Oportunidades y Amenazas*.

3.   El análisis del ambiente operativo interno de la organización, donde destacan sus *Fuerzas y Debilidades*.

4.   La selección de estrategias fundamentadas en las *fortalezas* de la organización y que corrijan sus *debilidades* con el fin de tomar ventajas de *oportunidades* externas y contrarrestar *amenazas* externas.

5.   La implementación de la estrategia. La empresa proyecta la aplicación de sus recursos a modo de alcanzar sus metas y lograr adecuarse lo mejor posible a su ambiente.

Analizar los ambientes se llama formulación de estrategias. La implementación de estrategias involucra la configuración de estructuras organizacionales y sistemas de control a fin de poner en acción la estrategia. Este análisis es conocido como (FODA) *Fuerzas, Oportunidades, Debilidades y Amenazas*.

Bajo este panorama según Thompson & Strickland (1998) podemos apreciar que el análisis FODA conforma una matriz que es transcendental para las organizaciones.

En su primera fase están las que forman parte del ámbito interno e indican las variables sobre las que la empresa puede tomar acción.

1. Las fortalezas; que son positivas como: • Capacidades fundamentales en áreas claves • Recursos financieros adecuados • Buena imagen de los compradores • Un reconocido líder en el mercado • Estrategias de las áreas funcionales bien ideadas • Acceso a economías de escala • Aislada (por lo menos hasta cierto grado) de las fuertes presiones competitivas • Propiedad de la tecnología • Ventajas en costos • Mejores campañas de publicidad • Habilidades para la innovación de productos • Dirección capaz • Posición ventajosa en la curva de experiencia • Mejor capacidad de fabricación • Habilidades tecnológicas superiores.

2. Las debilidades; que son negativas como: • No hay una dirección estratégica clara • Instalaciones obsoletas • Rentabilidad inferior al promedio • Falta de oportunidad y talento gerencial • Seguimiento deficiente al implantar la estrategia • Abundancia de problemas operativos internos • Atraso en investigación y desarrollo • Línea de productos demasiado limitada • Débil imagen en el mercado • Débil red de distribución • Habilidades de mercadotecnia por debajo del promedio • Incapacidad de financiar los cambios necesarios en la estrategia • Costos unitarios generales más altos en relación con los competidores clave.

En su segunda fase están las que forman parte del ámbito externo y son factores que no pueden ser modificados por voluntad de la compañía.

3. Las amenazas; que son negativas como: • Entrada de competidores foráneos con costos menores • Incremento en las ventas y productos sustitutos • Crecimiento más lento en el mercado • Cambios adversos en los tipos de cambio y las políticas comerciales de gobiernos extranjeros • Requisitos reglamentarios costosos • Vulnerabilidad a la recesión y ciclo empresarial • Creciente poder de negociación de clientes o proveedores • Cambio en las necesidades y gustos de los compradores • Cambios demográficos adversos.

4. Y las oportunidades; que son positivas como: • Atender a grupos adicionales de clientes • Ingresar en nuevos mercados o segmentos • Expandir la línea de productos para satisfacer una gama mayor de necesidades de los clientes • Diversificarse en productos relacionados • Integración vertical (hacia adelante o hacia atrás) • Eliminación de barreras comerciales en mercados foráneos atractivos • Complacencia entre las compañías rivales • Más rápido crecimiento en el mercado.

El administrador debe identificar los factores en los cuales trabajar arduamente, por un lado para eliminar los que están dentro de la categoría de riesgosos y por otro para proteger y enriquecer aquellos que le favorecen.

Concepto básico: El proceso de administración estratégica plantea la declaración de la misión de la compañía que suele centrarse en su perspectiva de negocios (quiénes somos y qué hacemos): describe de manera general las capacidades de la empresa, su enfoque estratégico y el aspecto actual de sus negocios.

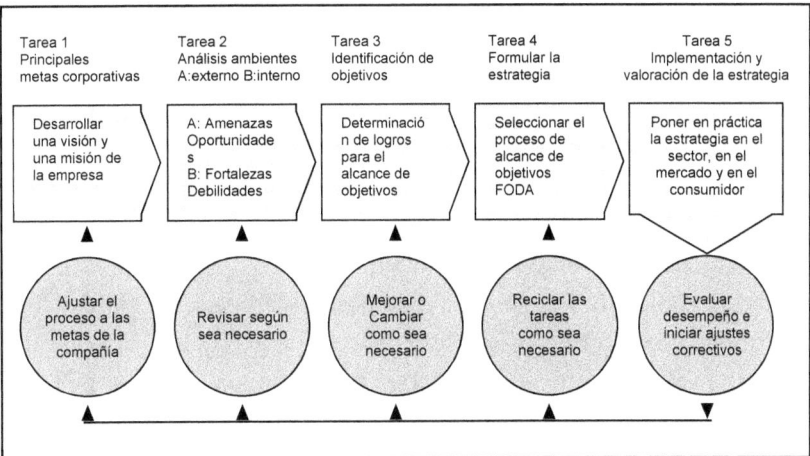

Las 5 tareas de la administración estratégica. Adaptado de: Thompson, Arthur; Strickland, A. J. *Administración estratégica. Conceptos y casos.* USA: Mc Graw Hill, 2004. 398pp. p. 7. Y de: Hill, Charles W. L.; Jones, Gareth R. *Administración estratégica. Un enfoque integrado.* México: McGraw-Hill Interamericana, 2005. 915 pp. p. 10.

El plan de negocios

Elaborar un plan y asegurar el éxito es una de las mayores satisfacciones que un hombre inteligente puede experimentar

HENRY FAYOL

Ingeniero y director de minas francés teórico de la administración de empresas

Al arrancar tu proyecto empresarial puede suceder fácilmente que te olvides del plan de negocios, al considerar que por haber encontrado una necesidad en el mercado y proveer un producto o servicio, necesariamente se tendrá éxito. Sin embargo, si no existe una fuerte planeación, es muy seguro que no se sostendrá el crecimiento.

Hacer un plan de negocios eleva la posibilidad de tener éxito y crecer. Desarrollar una estrategia significa conocer el mapa que te indicará hacia dónde llevarás tu proyecto y debes partir de un análisis FODA ya mencionado para plasmarlo en un documento que se llama plan de negocios.

Según la Comisión Nacional para la Protección y Defensa de los Usuarios de Servicios Financieros [Condusef] (2013) el plan de negocios es un documento guía para el empresario mediante el cual, se elaboran, definen y evalúan aspectos que integran la idea o proyecto de negocio. Este documento sirve para el emprendedor que busca concretar su idea, para el empresario cuando desea precisar su proyecto y para los inversionistas siempre que pretenden convencer a nuevos candidatos de participar como socios en el negocio.

Desarrollar un plan de negocios permite tener en un documento la observación de los probables escenarios futuros y sus variables, con el fin de facilitar un análisis integral al momento de asentar la posición final elegida. Permite imaginar ideas, soluciones y resultados, para tener en claro cómo transformarlas en realidad. También es el mapa que puede ser presentado a otras partes involucradas en el proyecto como inversionistas, socios, bancos, proveedores y clientes.

Las ventajas de un plan de negocios son variadas, marca el momento de la vida de la empresa y el tipo o modelo de negocio que vaya a planificarse. Asegura que un negocio tenga sentido operativo y financiero, antes de su puesta en marcha. Busca la forma más eficiente de llevar a cabo un proyecto. Crea un panorama que permite identificar necesidades, esquivar obstáculos y asignar recursos previamente al hecho, teniendo como consecuencia un ahorro en tiempo, dinero y esfuerzo. Evalúa el desempeño que tiene un negocio en marcha. Ayuda a hacer mejoras a los procesos de la empresa. Es una guía para corregir el camino y provocar cambios al negocio.

Elaborar un plan de negocios permite establecer una distancia considerable y necesaria entre los cambios sin fundamento (ocurrencias) y las decisiones de negocios con fundamento (planeaciones) tomadas en base a la información y análisis.

El proceso que se debe seguir para hacer un plan de negocios varía en función de cada empresa, pero en general es aconsejable tomar en cuenta los puntos siguientes:

Madurar o concretar la idea del negocio a realizar. Organizar toda la información disponible para poder plasmar los aspectos que inciden en la operación del negocio, revisar cuál es la información faltante y conseguirla. Evaluar si puedes realizarlo tú mismo, o requieres la participación de otras personas o equipos como profesionales externos, responsables de áreas, colaboradores, etc.

Para Berry (2014) todo movimiento de la compañía es importante un plan. Así que para saber hacia dónde te diriges, necesitas saber de dónde vienes y qué trayectoria has recorrido. Aquí hay algunos elementos generales de un plan de negocios exitoso.

1.   Descripción del negocio. Debes definir diversos aspectos de tu oferta como, el contexto de tu industria, la dirección del servicio, el propósito de tu contribución, tus metas empresariales y objetivos generales a corto, mediano y largo plazos. Esta sección es la columna vertebral de tu plan de negocios y preparara el escenario para el resto de la información.

2.   Productos y servicios. Todos tienen un producto o servicio que está dirigido a un público objetivo. Debes ser capaz de describir qué es lo que vendes e identificar lo que hace que tu producto sea único.

3.   Ventas y marketing. Esta sección te abre la ventana a la industria, el estado del mercado, costos generales y te da la oportunidad de distinguirte de la competencia. Describe cómo se verá tu mercancía y su branding para ser reconocida a escalas de lo personal a lo global.

4.   Operaciones. El propósito de este aspecto es para ayudarte a resaltar el lado más administrativo de tu negocio, incluyendo cómo te mueves, la ubicación de tu oficina, manejo de equipo, relaciones públicas, red de proveedores, etc.

5.   Talento humano. Por uno que sea, si tienes consultores, colaboradores, consejeros o gente que ayude en tu negocio, aquí es donde debes entender su involucramiento y la capacidad con la que contribuyen a tu éxito. Si hay una jerarquía de posiciones dentro de tu empresa y la relevancia de cada relación.

6.   Desarrollo. La parte donde puedes imaginar la gestión visionaria. No todo en esta sección está basado en los hechos, como la información que sí aportas en las otras secciones. Aquí proyectas hacia el futuro y piensas en grande. El desarrollo es una parte importante del negocio para seguir diferenciándote, debes asegúrate de concluir esas visiones para aterrizarlas en objetivos.

7.   Resumen financiero. Donde redactas un historial de tus inversiones, tus tratos financieros y cómo lograste tener la posición que tienes ahora. Con algo de flexibilidad, podrás entender cómo operará tu empresa, verás tu estado financiero, incluyendo cómo se balancean los números al final de cada mes, la salud de tu negocio y el flujo de efectivo.

8.   Resumen ejecutivo. Es una redacción de una o dos páginas de tu plan de negocios. Es mejor hacerlo cuando finalizaste todos los detalles del plan.

Según Myownbusiness.org (2013) el valor principal del plan de negocios es crear el proyecto por escrito que evalúe todos los aspectos de la viabilidad de la iniciativa comercial describiendo y analizando las expectativas del negocio. La preparación y mantenimiento de un plan de negocios es importante para cualquier industria sin importar su tamaño o giro. Pero no le garantiza el éxito. Si no se valora bien su potencial, entonces el plan de negocios podría convertirse en una guía al fracaso. Si se mantiene una evaluación correcta de los cambios económicos del negocio, el plan no sólo será una guía útil sino también una herramienta financiera para el éxito.

Este es un paso esencial que debe tomar cualquier empresario prudente, independientemente de la magnitud de su negocio.

Concepto básico: El formato de plan de negocios en 13 pasos enfoca las acciones indispensables que rinden una inversión al máximo.

1.	DESCRIPCIÓN DEL NEGOCIO:
2.	NICHOS DE MERCADO:
3.	TERRITORIOS O COBERTURA GEOGRÁFICA DEL NEGOCIO:
4.	POSICIONAMIENTO DESEADO:
5.	PROPUESTA ÚNICA DE NEGOCIO:
6.	INVERSIÓN BÁSICA PARA DESARROLLAR EL NEGOCIO:
Identificar la cantidad a invertir para iniciar el negocio, así como el origen o fuente y las condiciones de los recursos financieros (aportación, préstamo, sociedad, etc).	
7.	METAS FINANCIERAS:
En 3 meses; en 6 meses; en 12 meses; en 24 meses; en 36 meses.	
8.	TIPO Y NÚMERO DE UNIDADES A VENDER:
Productos; Servicios; Paquetes; (Incluir cantidad a vender y fecha en que se debe lograr la meta) Nombre; Tipo de producto; Existente por desarrollar; Cantidad estimada de unidades a vender; Precio estimado de venta; Fecha programada para alcanzar la meta de ventas.	
9.	PRECIOS:
10.	MEDIOS DE MARKETING PARA ESTOS NICHOS:
11.	METAS DE MARKETING: (desarrollo de herramientas y aplicaciones de marketing para alcanzar las ventas anteriores).
Identificación de las etapas de desarrollo y cumplimiento que se requieren para contar con un medio de marketing completo y listo para utilizarse en el negocio.	
Medio; Componentes; Descripción; Inicio; Fin; Producto esperado.	
12.	METAS PARA EL DESARROLLO DE NUEVOS PRODUCTOS; Servicios; Paquetes; Tipo de producto; Nombre; Inicio; Fin; (se repite para cada producto diferente).
13.	MATERIALES DE PROMOCIÓN:

Formato de plan de negocio básico. Adaptado de: Nacional Financiera [Nafin] (2009). *13 pasos para hacer tu plan de negocios. Guía del participante.* 32 pp. capacitación@nafin.gob.mx, www.nafin.gob.mx/portalnf/get?file=/pdf/otros/TRECE-PASOS.pdf

Aquí, uno de los tres elementos que provoca la fuerza del hielo, es el vigor. El cual debe estar impregnado en el tequila para mantener el buen desarrollo del cóctel. Me refiero al vigor, como el plan de negocios.

ARTIUX

I.	ASPECTOS DE MERCADO Y COMERCIALIZACIÓN

1. Detalle del negocio. 2. Descripción del producto. 3. Descripción de los servicios. 4. Objetivos específicos. 5. Objetivos generales. 6. Filosofía. 7. Valores. 8. Misión. 9. Visión. 10. Oportunidades de mercado que dan origen al proyecto. 11. Motivación. 12. Perfil a quien va dirigido. 13. Estudio de mercado. 14. Densidad económica del producto. 15. Viabilidad del desarrollo de negocios. 16. Principales clientes. 17. Principales competidores. 18. Principales proveedores. 19. Oportunidad del producto en el mercado. 20. Distribución geográfica. 21. Oferta y demanda. 22. Tarifas o precios. 23. Plus del producto. 24. Políticas y estrategias de venta.

II.	ASPECTOS TÉCNICOS

1. Estado y funcionamiento del proyecto. 2. Ubicación. 3. Motivo de la ubicación. 4. Recursos generales. 5. Permisos. 6. Tamaño adecuado de las instalaciones. 7. Plano. 8. Efectos de uso de energía. 9. Previsiones de impacto ecológico. 10. Descarga de aguas residuales. 11. Desechos orgánicos. 12. Desechos inorgánicos. 13. La disponibilidad y calidad de las materias primas. 14. Capacidad de producción. 15. Requerimientos del producto. 16. Control de calidad. 17. Alcance del punto estratégico. 18. Alcance del punto de diferenciación. 19. Alcance del punto de innovación. 20. Desarrollo de comunicación global. 21. Congruencia de identidad corporativa y marca.

III.	ASPECTOS ADMINISTRATIVOS

1. Sincronización de actividades: Descripción de procesos generales. 2. Calendario de actividades: Duración de proyectos individuales. 3. Conducta estratégica. 4. Habilidades directivas. 5. Profesionalismo del talento humano. 6. Descripción de mano de obra calificada. 7. Número de personal adecuado. 8. Edad de la organización. 9. Reglamento interno. 10. Organigrama general: Flujo de la estructura organizacional. 11. Carta de distribución de actividades: Quién hace qué y cuánto gana. 12. Sostenibilidad del proyecto: En qué se basa su éxito. 13. Beneficios. 14. Preocupaciones. 15. Situación del entorno socio-económico donde se desarrolla el proyecto.

IV.	ASPECTOS ECONÓMICOS-FINANCIEROS

1. Presupuestos. 2. Inversión. 3. Trabajo de capital. 4. Análisis TGIAG: Cuánto he de Trabajar, Ganar, Invertir, Ahorrar y Gastar. 5. Estado financiero. 6. Inflación. 7. Tipo de cambio. 8. Régimen fiscal. 9. Tasa de interés bancaria. 10. Conveniencia. 11. Recuperación del capital invertido. 12. Riesgo del proyecto. 13. Rendimientos.

V.	ASPECTOS SOCIALES

1. Beneficio del proyecto a la sociedad. 2. Efectos Directos. 3. Efectos Indirectos. 4. Magnitud de los efectos. 5. Sustentabilidad del proyecto.

Formato del plan de negocios. Adaptado de: Nacional Financiera [Nafin] (2002). capacitación@nafin.gob.mx

La estrategia

Una estrategia delinea un territorio en el que una empresa busca ser única
MICHAEL PORTER
Profesor de la Escuela de Negocios de Harvard y autoridad global en estrategia

Mintzberg et al., (1997) señalan que el término estrategia viene del griego «*strategos*» que significa «un general». A su vez proviene de raíces que significan «ejercito» y «acaudillar». El verbo griego *stratego* significa «planificar la destrucción de los enemigos en razón del uso eficaz de los recursos».

El concepto de estrategia en un contexto militar y político es bien conocido desde hace cientos de años. En el caso de los empresarios modernos con inclinación competitiva al proyectar estrategias en las empresas tratan de obtener mejores resultados que sus rivales.

Para comprender la función de la estrategia en los negocios, Mintzberg, habla de dos enfoques del concepto de estrategia distinguiéndolos como «Escuela del diseño» y como «Escuela de la planificación», menciona que las definiciones de estrategia que se han formulado desde entonces son solo variaciones de las definiciones de sus autores Andrews y Ansoff respectivamente. Y que todas estas definiciones tienen cuatro elementos en común, con lo que es posible considerar un panorama uniforme de la estrategia en los negocios.

La estrategia desde el punto de vista de la administración ofrece el siguiente horizonte:

1. El ambiente: Interno y externo, o las condiciones propias y ajenas a la empresa a las que debe responder. Para implantar la estrategia de negocios en cada proceso.

2. La misión: Una definición de la razón de existir de la empresa. Para establecer el verdadero propósito de la empresa.

3. El análisis de la situación: los procesos que debe realizar para determinar qué tan favorable es su situación en los ambientes. Sean fuerzas o debilidades (en el ambiente interno) o amenazas u oportunidades (en el ambiente externo).

4. La aplicación de los recursos: Hacia el entorno en el que compite. Derivando en el logro de sus objetivos.

Por ende, la selección de una estrategia, debe establecer un posicionamiento en el medio en que se desarrolla y siendo este, un sector en los negocios, surge entonces la panorámica del mercado.

Por lo que para Kotler & Amstrong (2003) establecer la estrategia de mercadotecnia consta de los siguientes componentes:

1.   Responder a las exigencias primordiales de la empresa y observar las exigencias que se despiertan en el mercado.

2.   Identificar las ventajas competitivas sobre las cuales cimentar una posición.

3.   Seleccionar las correctas y escoger una estrategia general de negocios para su posicionamiento.

4.   Comunicar y presentar eficazmente al mercado la posición elegida, específicamente a su público objetivo.

En este caso cada compañía debe diferenciar su oferta mediante la creación de un paquete único de ventajas competitivas.

Desde esta perspectiva, cuando se aborda al público objetivo es que se puede apreciar de cerca la estrategia que requiere el producto, con lo que es posible divisar al diseño.

La estrategia de diseño para (Zimmermann, 1998) y su proceso estratégico según (idologie, 2012) se compone de los siguientes conceptos:

1.   Análisis del fin o designio / *NIVEL* del proyecto de diseño. Nuevo producto o servicio; *Renovación* de diseño; *Continuidad* para extensión de línea. Mediante la comprensión, observación y definición del tipo de proyecto: Consultas, investigación y referentes para la primera proyección mental. *(R-C)*

2.   Análisis creativo del proyecto de diseño / *ENTORNO* actual de la imagen. Posicionamiento: Actual y *Promesa* central, *Percepción* del producto, razón de ser de la marca ante el consumidor; consumidor: perfil, NSE; categoría: competencia y tendencias. Analizar lo que los clientes tienen en mente sobre la marca. Para ellos su percepción es la realidad. Esta percepción se debe buscar directamente en el mercado y no tratar de preguntar al personal ni pensar como clientes. *(P-P)*

3.   Análisis de los medios / Selección de la *ESTRATEGIA* de producto. Producto vs. competencia: *Valores* compartidos, puntos de contacto de la categoría y *Cualidades* compartidas dentro de la categoría; atributos funcionales y emocionales, desempeño, diferenciador, valores

propios y heredados; desventajas vs. competencia, debilidades del producto y qué minimizar. *(V-C)*

4. Acción de la Estrategia / *EJECUCIÓN* del diseño y acción de los objetivos. Posicionamiento deseado: Cómo se desea ser identificado por el mercado, qué se va a diferenciar para poder alcanzar lo que se quiere, qué cualidad se va a comunicar; con el consumidor: Conservar el actual, agregar nuevos, cambiar de consumidor, perfil y NSE del nuevo consumidor; vs. competencia, cuál debe ser la nueva *Personalidad* y tono de *Comunicación*, oportunidades de marca que el cliente detecta, restricciones sociales o visuales. Investigación y conclusiones. Estrategia de posicionamiento viable: Premisa: no se puede ser muchas cosas al mismo tiempo. Estrategia de imagen: Generar valor de marca y vínculo emocional. *(P-C)*

Proceso estratégico que analiza tanto los atributos ganados: el Nivel y el Entorno; como los atributos propuestos: la Estrategia y su Ejecución. Por lo que lo denomino (NEEE) del proyecto de diseño, en su campo de acción.

Johnson, Whittington, & Scholes (citados por Free-management-ebooks.com, 2013) consideran que «la estrategia es la dirección y el alcance de una organización en el largo plazo, la cual consigue una ventaja en un cambio ambiental a través de su configuración de recursos y competencias».

De manera general, Levy (1981) asegura que el éxito de una empresa es la compatibilidad entre entorno y estrategia. En este sentido la conducta estratégica conlleva adoptar un plan estratégico apropiado que incluya los objetivos, las metas y las estrategias específicas:

1. El plan a largo plazo: Se estima sobrepasando los cinco años.
2. El plan a mediano plazo: Por periodos entre dos y cuatro años.
3. El plan a corto plazo: Por periodos de uno a dos años.

Aunque cada organización tendrá diferencias en sus requerimientos, pueden formularse tres criterios básicos para determinar el horizonte de la planificación:

1. La exactitud de predicción posible de la estrategia escogida.
2. La naturaleza de los productos en el mercado.
3. El compromiso del modelo de negocios con el futuro.

Al respecto, Mintzberg (mencionado Hil & Jones, 2005) complementa que la administración interviene cuando es apropiado, desechando las malas estrategias, sean estas emergentes (reactivas adaptadas) o intentadas (ampliamente planeadas), pero cultivando aquellas potencialmente buenas.

Sin embargo, Mintzberg et al., (1997) aseveran que «Para tomar tales decisiones los gestores de negocios deben ser capaces de juzgar el valor de las estrategias emergentes. Deben estar en capacidad de pensar de manera estratégica».

En términos generales y para que la construyas en tu negocio, una estrategia es un conjunto de acciones planificadas sistemáticamente en el tiempo, que se llevan a cabo para lograr una determinada misión, que convenga de forma que además de beneficiar a una compañía, logre diferenciarla de forma única.

Vislumbrando la estructura básica sobre la que se asienta el pensamiento estratégico: la competencia.

Concepto básico: La administración de negocios debe distinguir todo tipo de estrategias, que son en parte planeadas y en parte reactivas, desde su surgimiento y considerar todos sus componentes valiosos para conseguir una mejor respuesta a sus propósitos.

La estrategia de una compañía. Adaptado de: Thompson, Arthur; Strickland, A. J. *Administración estratégica. Conceptos y casos*. USA: Mc Graw Hill, 2004. 398 pp. p. 12.

Estas 6 conductas de la administración corresponden al Tequila. Úsalas para proyectar el carácter de tu compañía y construir una estructura con presencia ganadora en el intelecto de la gente.
Que los haga pensar lo que observan de tu compañía

El hielo de fondo | PARTE 1
Impregnando al Tequila

Busco hombres que tengan la capacidad de creer que no hay cosas imposibles
HENRY FORD
Industrial estadounidense fundador y padre de las cadenas de producción
modernas

RICHARD BRANSON
Fundador y Director Ejecutivo de Grupo Virgin

Toma responsabilidad.

«Creo que aprendí pronto eso de que si puedes dirigir una empresa, realmente puedes dirigir cualquier empresa, es decir, todo en las empresas es encontrar la gente adecuada, inspirar a esa gente, ya sabes, sacar lo mejor de la gente. Y me encanta aprender y soy increíblemente curioso y me encanta retar al estatus quo e intentar mostrar otra perspectiva. Por tanto veo la vida como un largo proceso de aprendizaje. Y si vuelo en la compañía aérea de otro y la experiencia resulta no placentera, que no lo era hace 21 años, entonces pensaría, bueno quizá puedo crear el tipo de compañía aérea en la que me gustaría volar. Y bueno, cogí un 747 de segunda mano de Boeing y probé (…) Creo que hay una línea muy fina que divide el éxito y el fracaso. Y creo que si comienzas un negocio sin apoyo financiero, es muy probable que vayas al lado equivocado de esa línea. Estábamos siendo atacados por British Airways; intentaban dejar nuestra compañía aérea fuera del negocio y lanzaron lo que es conocido como "campaña de tácticas sucias", y me di cuenta que era probable que el imperio completo quebrara, a menos de que pusiera algo de mi parte. Y a fin de proteger los puestos de trabajo de la gente que trabajaba para la compañía aérea, y proteger los puestos de trabajo de la gente que trabajaba para la compañía de discos, tuve que vender las joyas de la familia para proteger la aerolínea (...) en ese momento fue triste, pero seguimos adelante (...) Me gusta pensar que representa calidad si alguien se topa con la compañía Virgin (...) Nos divertimos y creo que la gente que trabaja para ella lo pasa bien. Nosotros, como digo, entramos y agitamos otras industrias, y creo que lo hacemos de forma diferente y creo que las industrias no son las mismas como resultado del ataque de Virgin en el mercado (...) Es decir, yo creo que con las expediciones en globo y barco que hemos hecho en el pasado, bueno, fui sacado del mar creo que seis veces por helicópteros, y cada vez no esperaba volver a casa para contarlo. Y en esos momentos, tu certeza te pregunta, ¿qué estás haciendo allá arriba? (...) Creo que las aventuras en globo fueron, cada una fue, cada una en realidad, creo que estuvimos cerca. Y quiero decir primero que todo, nadie antes había realmente cruzado el Atlántico en un globo (...) Los expertos de RP dicen que como dueño de una aerolínea, la última cosa que debes hacer es marcharte en globos y barcos y estrellarte contra el mar. De hecho, nuestra aerolínea ocupó la página completa de un anuncio en aquel tiempo para decir: "Vez Richard hay maneras mejores de cruzar el Atlántico" (...) He sido disléxico, y no entendía nada de los deberes. Seguro que habría fallado los test de inteligencia. Y fue una de las razones por las que dejé el colegio cuando tenía 15 años. Y si no estoy interesado en algo, simplemente no lo capto. Como alguien disléxico también tienes algunas situaciones bizarras, quiero decir, por ejemplo, tengo dos, y tú sabes, he estado dirigiendo el grupo más grande de compañías privadas de Europa, pero no he sido capaz de saber la diferencia entre neto y bruto. Y bueno, las reuniones de la junta directiva han sido fascinantes (...) Realmente no creo que el estereotipo de un hombre de negocios sea pisotear a la gente para llegar arriba, y en general las obras hablan. Creo que si tratas a la gente bien, la gente volverá, y volverá por más. Y creo que la reputación es lo que tienes en la vida y el mundo es muy pequeño. Y realmente creo que la mejor manera de convertirte en un líder de los negocios con éxito, es tratar a la gente bien y de forma justa. Y me gusta pensar que así es como dirigimos Virgin (...) El capitalismo ha sido probado ser un sistema que funciona, ya sabes, la alternativa, el comunismo, no funciona. Pero el problema con el capitalismo, es que la extrema riqueza termina en manos de unas cuantas personas, y por consiguiente, yo creo que una extrema responsabilidad acompaña a la riqueza. Y creo que es importante que los individuos que están es una posición afortunada, no acaben compitiendo por los barcos más y más grandes, ni por autos más y más costosos, sino que usen ese dinero para más bien crear nuevos puestos de trabajo o tratar asuntos alrededor del mundo (…) Creo que todo el mundo, la gente, hace cosas por una variedad de diferentes razones y creo que, sabes, cuando esté en mi lecho de muerte querré sentir que he marcado una diferencia en la vida de otras personas, y puede ser egoísta pensar así, pero es la forma en que he sido educado. Creo que sí estoy en una posición de radicalmente poder cambiar la vida de otras personas para mejor, debo hacerlo (…) Solo quiero vivir la vida de forma plena, ya sabes, si puedo marcar una diferencia, espero ser capaz de marcar la diferencia. Y creo que una de las cosas positivas en este momento es, ya sabes, tienes a Sergei y Larry de Google, por ejemplo, que son buenos amigos, y gracias a Dios, tienes dos personas que se preocupan genuinamente por el mundo. Y con ese tipo de riqueza, si tuvieran ese tipo de riqueza y no se preocuparan por el mundo, sería muy preocupante. Y tú sabes que van a hacer una significativa diferencia en el mundo. Y yo creo que es importante que la gente en ese tipo de posición marque una diferencia». (Branson, 2007)

OPRAH WINFREY
Presidenta y Directora Ejecutiva de Oprah Winfrey Network

Eleva tu conciencia.

«Existe un momento supremo innato del destino para todo el mundo (…) y todo el mundo lo tiene. Y no lo puedes cumplir, a menos de que tengas un nivel de conciencia de ti mismo, para conectarte a lo que es tu voz interior, o el instinto, yo lo llamo el sistema emocional GPS que te permite tomar las mejores decisiones por ti mismo. Y cada decisión que me ha beneficiado ha venido de mí, escuchando esa voz interior primero, y cada vez que me metí en una situación en la que estuve en problemas, es porque no la escuché. Hice caso omiso de esa voz, de ese instinto, con migo mismo, con mi propia cabeza, mi propio pensamiento. Traté de racionalizarlo, traté de decirme a mí mismo: "pero, ya sabes, está bien, vas a hacer un montón de dinero, oh no…" Así es que, estoy sentada aquí, ya sabes, rentable, exitosa, por todas las definiciones del mundo. Pero, lo que realmente, real, realmente resuena profundamente conmigo, es que vivo una vida fantástica. Mi vida interior está realmente intacta. Yo vivo de adentro hacia afuera. Y todo lo que tengo, lo tengo porque lo dejé ser alimentado por lo que soy, y me di cuenta, de cuáles podrían ser mis contribuciones al planeta. Y mi contribución real es: que busco lo que soy. Yo era un anfitrión de programa de entrevistas; eso parece. Ya sabes, estoy en las películas; eso parece. Ya sabes, tengo una network. Pero mi contribución real, la razón por lo que yo estoy aquí, es para ayudar a conectar a la gente a sí mismos, y a las más altas ideas de conciencia. Estoy aquí para ayudar a elevar la conciencia. Así que mi plataforma de televisión fue para ayudar a elevar la conciencia (…) y voy a utilizar la televisión como una fuerza (…) vamos a pensar en lo que queremos decir al mundo, y cómo queremos utilizar esto como una plataforma para hablar al mundo. ¿Cómo queremos ver los cambios en el mundo? (…) Si hay una religión, o un mantra, o una ley bajo la que vivo, vivo con la tercera ley del movimiento de la física que es: "para cada acción hay una reacción igual y opuesta" (…) Yo sé eso que estoy pensando y en consecuencia, va a actuar en ello, es ir para volver a mí, en un movimiento circular (…) Y así, lo que también impulsa la acción es la intención. Entonces, yo no hago nada, sin tener totalmente claro, el por qué intento hacerlo, ya que la intención va a determinar la reacción, el resultado, o la consecuencia en toda circunstancia. No me importa cuál sea. Así que, le digo a mis productores, díganme sus intenciones (…) cualesquier ideas que están proponiendo, y luego yo decidiré basado en la intención, ¿realmente quiero hacer esto? Es como queremos usar esta plataforma (…) Vengo de un lugar de enfoque, vengo de la compasión, es sólo mi naturaleza, vengo de una voluntad de comprender y ser comprendido, y vengo de querer conectar. Es decir, el secreto de ese programa durante 25 años, es que la gente pudiera verse a sí misma en mí, en todo el mundo, pudieran verse a sí mismos en mí. E incluso si me convertía en más y más exitosa financieramente, lo cual fue una gran sorpresa para mí (…) pero me di cuenta de que es a través de todo el proceso, porque estoy basada en mi propio yo, que a pesar de que puedo tener más zapatos, mis pies permanecen en el suelo (…) y puedo entender lo que esto realmente fue, porque estaba basada, estaba haciendo y continué hasta hoy, hacer el trabajo de conciencia. Yo trabajo estando despierta, y siendo despertada, es sólo otra palabra para la espiritualidad (…) todo lo que está alimentado que viene de mí, realmente quiere ser una mejor persona en la tierra. Y esto es lo que sé que es verdad, la razón por la que el programa funcionó es porque entendí que esa audiencia, mis espectadores, la gente que nos miraba todos los días, y la que vendría (…) en todo el mundo, solo para estar ahí con sus tías, sus madres, y que habían llegado con sus primos (…) Tenía tal consideración por eso. Y tuve una conversación con John Mackey quien dirige Whole Foods (…) y estuvo hablando de la función de la inversión y los interesados directos, la gente a la que tú estás sirviendo, de esa conexión entre la gente a quien tu intentas servir y vender, que es igualmente tan importante como la gente a quien tú estás comprando, igual que la gente que te soporta financieramente (…) Así es, que siempre entendí realmente que no hay diferencia entre mi audiencia y yo, a veces, pude haber tenido mejores zapatos. Pero en el núcleo, el núcleo de lo que realmente importa, es que somos lo mismo, ¿sabes cómo lo sé? Porque todos nosotros estamos buscando lo mismo (…) todo el mundo quiere cumplir con la más alta y auténtica expresión de sí mismo como un ser humano. Eso es lo que estás buscando. La más alta y auténtica expresión de sí mismo como un ser humano. ¿Y por qué lo entiendo? Pues porque si tú trabajas en una pastelería, ahí es donde tú quieres estar, y tal vez pasteles son lo que tú siempre quisiste hacer (…) entonces, eso es para ti, y no hay ninguna diferencia entre tú y yo, excepto que esa es tu plataforma, es tu quehacer de cada día. Así que mi entendimiento de eso, me ha permitido alcanzar todo el mundo. Y no hay porqué tú no lo puedas hacer. Porque eso es lo que yo realmente siento (…) entonces, ¿qué comencé a sentir? Sentimiento, sensación. Es que existe un hilo en común que corre a través de cada entrevista, no importa que sea o a qué se refiera, todos queremos saberlo. Y esa es la verdad, todos tus argumentos circundan lo mismo, sobre: ¿Me estás oyendo? ¿Me estás viendo? Y ¿Lo que dije significa algo para ti? Eso es en lo que todos giran en torno (…) Por tanto, tener ese entendimiento, y tendría que decir que el espectáculo, una de las razones por las que vivo una vida tan fantástica, es porque me pongo atención; pongo atención a mi vida. Y tu vida es tu mejor maestro. Cada cosa que te pasa todos los días, tus alegrías, tus tristezas, tus retos, tus preocupaciones, todo está sucediendo para llevarte cerca a tu aquí. Todo está tratando de llevar tu hogar a ti mismo. Y cuando estás en casa contigo mismo, cuando estás firme allí, conectaste con todo lo que llamas la creación, incluso si no lo llamas de ningún modo, estás conectado a una fuerza de energía que tiene un poder ilimitado para ti. Tú puedes conectar con eso. Tú eres tu mejor (…) yo sabía que a pesar de que el pensamiento masivo de la gente no estuviera sintonizado en ello, que todo el propósito de esa plataforma era para tratar de levantar a la gente. Y ahora tengo una network y puedo articular eso que estoy tratando de hacer. Estoy tratando de llevar pequeñas piezas de luz en la vida de las personas, ya que, ¿cuál es mi trabajo? Mi trabajo no es ser un entrevistador; mi trabajo no es ser anfitrión de programa de entrevistas o simplemente el de poseer una network, yo estoy aquí para elevar el nivel de conciencia, para conectar a las personas con ideas e historias, para que puedan verse a sí mismos y vivir una vida mejor (…) Primero tienes que cambiar la forma en que las personas piensan y se ven a sí mismas, después tienes que crear un sentido de aspiraciones, un sentido de esperanza, así, las personas pueden ver, pueden comenzar a incluso tener una visión de una vida mejor. Y si no puedes conectar eso, entonces, tú pierdes y ellos pierden, y eso provoca soltar dinero y después soltar dinero y dinero (…) ya sabes, la luz en mi vida fue la educación, así que para mí, al principio, cuando empecé a ganar dinero, especialmente cuando esto se publica, todo el mundo, y tu hermano, te llama. Y entonces tú tienes que tomar una decisión: ¿Voy a hacer lo que todo el mundo quiere que haga? O bien, ¿voy a guiarme por lo que realmente soy? Y aprendí, como ocurrirá a cualquiera que tenga éxito en su familia, que la gente comienza a tratarte como el Primer Banco Nacional. Y tienes que decidir. Tienes que trazar las fronteras por ti mismo. Y decidir cómo vas a usar tú dinero, tú talento, tú tiempo, de tal manera que sirva para ti en primer lugar. Porque si tú, no le permites que te llene, entonces lo agotas y ya no, tú ya no puedes seguir haciéndolo. Así que mis decisiones son ahora emocionales y lógicas. Significa, elijo la educación, pero lo hago de manera que realmente beneficie a la persona que estoy sirviendo. Entonces, no es solo, oh, yo quiero ayudar a la gente (…) Pero siempre supe, incluso durante el espectáculo, que vivimos en una cultura de fama, vivimos en un mundo centrado en la fama, ya sabes, tuvimos esto en forma literal durante el Renacimiento, la gente pudo haber valorado cosas diferentes, tuvimos que pasar el período trascendentalita, la gente valora diferentes cosas, pero en nuestra cultura valoramos la fama. Así que siempre entendí que esa fue la base para que yo fuera conocida en el mundo, porque la gente no sería capaz de oírte, a menos que llegaras con un algún botín o fanfarronería, ¿sabes? Y también entendí que eso fue sólo la base para ser escuchada, pero eso traía mucho más para poder decir. Así que para mí, ser propietario de una network, o ser parte de una network es para seguir utilizando esa plataforma para elevar la conciencia. Hago un programa (…) donde literalmente, hablo con líderes de opinión de todo el mundo y les hago preguntas de la vida que realmente importen para lograr que la gente piense en lo que realmente importa en sus vidas y las respuestas que recibo de la gente, solo respecto a ese programa, me deja saber que voy en el camino correcto, que me muevo en la dirección correcta. Y no tengo miedo, porque sé que todos tenemos un tiempo limitado aquí, pero la verdadera pregunta es: ¿Quién eres? ¿Qué quieres hacer con ello? Y ¿Quién es el que va a utilizar lo que eres? (…) Alinea tu personalidad con tu propósito y nadie podrá tocarte; manteniéndote encendido al despertar cada día (…) porque todo el mundo tiene un propósito. Así que tu compromiso es averiguar de qué se trata. Tu verdadero trabajo es averiguar por qué estás realmente aquí y luego llevar a cabo esa tarea. Eso es (…) No hay errores. En realidad no existen, porque tienes un destino supremo. Al aferrarte a esa mente en la que domina tu pequeña personalidad o cuando no estás centrado, realmente no sabes quién eres, pero tú vienes de algo grandioso y más grande. Realmente todos somos lo mismo. Si no sabes eso, te sientes aturdido, todo el tiempo estresado, queriendo ser algo, que no hay un momento supremo del destino llamando a tu vida. Tu trabajo es sentir eso, escuchar eso, saber eso. Y a veces, cuando no estás escuchando, te sales de la ruta. Te casas con la persona equivocada, tienes la relación equivocada, tomas el trabajo equivocado. Pero todo ello te lleva a la misma ruta. No hay caminos equivocados. No hay. No hay tal cosa como el fracaso realmente, porque el fracaso es sólo eso que trata de moverte en otra dirección. Por ello obtén tanto por tus pérdidas, como lo haces de tus victorias, porque tus pérdidas están ahí para que te despiertes (…) Y pregúntate, ¿cuál es el siguiente paso correcto? (…) Y después desde ese espacio haz el siguiente movimiento correcto y el siguiente movimiento correcto y no por ser abrumador, ya que tú sabes que tu vida es más grande que ese momento. Sabe que no estás definido por lo que alguien dice, que es un fracaso para ti, porque el fracaso es sólo un punto cuando vas en una dirección diferente». (Winfrey, 2014)

LARRY PAGE
Cofundador y Director Ejecutivo de Google

Sigue tus sueños.

«Quiero hablar sobre los sueños por un segundo. Y en mi caso, literalmente soñé. Cuando estuve en el colegio, como les dije, había sido apodado por mi cabello clerical: "Orador de computadoras", y a causa de ello, tenía un miedo irracional, por lo que me enviaban a casa en el autobús, y el señor Sergei sabe que esto es cierto, pero esto resultó causando que la ansiedad, me despertara, casi cuando el sueño es un tipo de sueño raro. En una cubierta, donde creo, podría descargar toda la web, había pequeñas computadoras que estaban puestas alrededor, y la locura bastante venenosa que me decía la mayoría de la gente. Pero me quedé despierto un par de horas en el medio de la noche, haciendo un poco de matemática, y me pareció realmente muy posible. Mientras teníamos el zoom en la acción, no tuvimos ninguna playa de arena blanca, al equipo les gusta mantenerse en conexión, y luego giré a lo averiguado, dado todo lo que hice, creo que estuve así un par de semanas, hasta que dije "mi visor" un montón de veces, y él sólo tenía mucho para mí, y por supuesto le llevó un año terminarse, como mucho al año, no estuvimos, nos fuimos en orden a las playas blancas, y sin pensamientos de búsquedas alrededor, que eventualmente buscamos entrado en escena, y tú conoces el resto. Eso se convirtió en Google. Así quiero crear un trabajo, para seguir tus sueños». (Page, 2013)

Vertiendo la Naranja en los negocios
La mercadotecnia

¿Quién debe diseñar en última instancia el producto? El cliente, por supuesto
PHILIP KOTLER
Autor estadounidense de marketing, consultor y profesor

Como el segundo ingrediente del cóctel, su participación está en desarrollar los contenidos que dejen memoria de tus negocios. Su objetivo primordial, es armonizar la sustancia activa que avivará el amor por la marca en el mercado, con el afán de compartir su maleabilidad a las exigencias y conseguir la atención del mercado meta.

Para conocer a fondo la palabra marketing es necesario dar un vistazo a sus orígenes.

De acuerdo con el diccionario Etimonline.com (2014) la palabra *market* proviene de latín *mercatus*, que significa compra y venta, el comercio, el mercado. Que sirvió de fuente para muchos idiomas como: *mercato* en italiano, *mercado* en español, *markt* en alemán, por ejemplo. En anglo normando *marchiet* del francés antiguo; lo utilizaban para significar una reunión en un plazo fijo para la compra y venta de ganado y provisiones en el viejo mercado francés del norte; que posteriormente se utilizó como *marché* en el francés moderno, y como *market* en el inglés, mercado o venta y comercio *marketing* comercializar.

Según Castillo & Bond (1987) el término *marketing* proviene de la palabra *market* y la terminación *ing* significa efecto a una acción.

En la década de los sesenta la Academia de la Lengua de Colombia propuso su adopción a la Real Academia Española [RAE] (2012), que la define como «conjunto de principios y prácticas que buscan el aumento del comercio, especialmente el aumento de la demanda».

Santesmases, Sánchez, & Valderrey (2003) mencionan que la expresión *marketing* se ha consolidado en España y en algunos países de habla hispana, por lo que la palabra *marketing* tiene un amplio reconocimiento internacional, tanto en el campo académico como en el profesional. Agregan que aunque en México se usa su traducción *mercadotecnia,* hoy en día el *marketing* tiene una utilización generalizada y ya no solo se aplica en la empresa en intercambios de tipo económico, de bienes o de servicios, sino también en actividades que no tienen un fin lucrativo, incluso ideas.

La mercadotecnia es una disciplina joven, con un desarrollo científico muy reciente, caracterizado por múltiples intentos de definición y de determinación de su naturaleza y alcance, lo que ha dado lugar a numerosas controversias académicas, en las empresas y en la sociedad, aunque la mercadotecnia es algo de lo que cada día se oye hablar más y se aplica en mayor medida, el desconocimiento sobre lo que verdaderamente es esta disciplina todavía resulta muy considerable.

Así es que la mercadotecnia se considera desde diferentes puntos de vista:

1.   Una disciplina académica, objeto de estudio e investigación en la universidad.

2.   Una disciplina profesional, de aplicación en la empresa y otras instituciones que sirven a un mercado, en particular, y a la sociedad, en general.

3.   Una filosofía pues es una actitud o una forma de concebir la relación de intercambio, entre una empresa que ofrece sus productos, al mercado.

4.   Una técnica, como el modo específico de llevar a cabo la relación de intercambio que consiste en identificar la carencia, crear el objeto y desarrollar su acercamiento, para servir a la demanda.

Butler (mencionado por Taylor & Shaw, 1990) la define como la forma de colocar un producto en el mercado considerando y resolviendo un gran número de problemas que van más allá de considerar la venta, el personal que la lleva acabo y la publicidad.

Santesmases et al. (2003), subrayan que la mercadotecnia ha sido utilizada en diversos campos de estudio por lo que se le ha dado enfoque en diferentes áreas:

1.   Mercadotecnia social: Sirve a la causa de las organizaciones no gubernamentales con herramientas para lograr mayores donativos y aportaciones, comunicando sus objetivos y resultados al público meta, transparenta su gestión e invita a la población a colaborar.

2. Mercadotecnia no comercial: Modifica comportamientos o actitudes de un segmento de la población, se adapta a la misión y objetivos de una empresa no comercial para mejorar su situación, animando o desanimando ideas sociales o de causa social.

3. Mercadotecnia de servicios públicos: Consigue una mayor cercanía entre las administraciones prestadoras de servicios y sus clientes o ciudadanos, según la actuación de las instituciones oficiales que inciden directamente en mejorar la calidad de vida de la población.

4. Mercadotecnia política: Cultiva la atención, el interés y la preferencia del mercado meta a través de una persona del ámbito artístico, deportivo y político cuando se pone asimismo en el mercado de votos con la finalidad de maximizar su preferencia.

5. Mercadotecnia comercial: Fisher (1988) «es aquella que vende artículos y/o servicios con el afán de obtener utilidades económicas».

Según Taylor & Shaw (1990) en la mayoría de las compañías la función de mercadotecnia no se halla completamente desarrollada debido a diversas razones:

1. Recientes orígenes de la mercadotecnia: la mercadotecnia es una disciplina comercial relativamente nueva y con frecuencia se confunde con dos de sus subfunciones como ventas o publicidad.

2. Hostilidad hacia la mercadotecnia: los fuertes intereses invertidos en la compañía se resisten a aceptar la mercadotecnia y ésta debe luchar una batalla cuesta arriba para establecer su función, alcance y autoridad.

3. Ley de lento aprendizaje: la mercadotecnia pasa por varias etapas de mala comprensión, conforme va creciendo en la compañía.

4. Ley de rápido olvido: los principios de mercadotecnia tienden a ser olvidados con el éxito y es necesario recordarlos a los ejecutivos con cierta periodicidad.

Santesmases, et al., (2003) aluden a que la mercadotecnia trata de una forma de pensar, una filosofía de dirección, sobre cómo debe entenderse la relación de intercambio de los productos y servicios de una organización con el mercado.

Concepto básico: El proceso de mercadotecnia analiza la selección de mercado meta y las oportunidades de un producto para desarrollar el diseño que con la mezcla de mercadotecnia logre un satisfactorio proyecto de negocios.

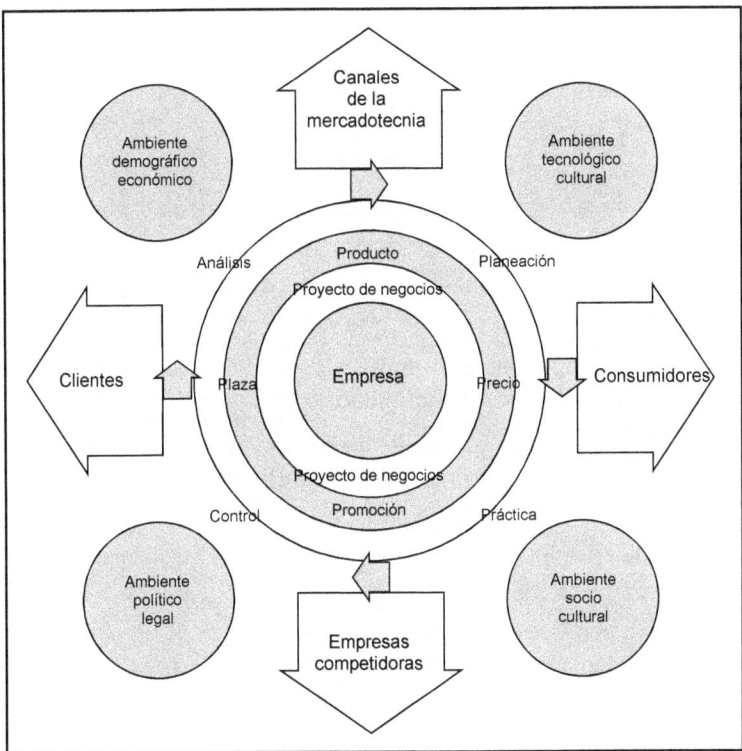

El proceso de mercadotecnia y los factores que influyen en la estrategia de la compañía. Adaptado de: Kotler, Philip; Amstrong, Gary. *Fundamentos de marketing*. México: Pearson Education, 2003. 589 pp. p. 49.

Mercadotecnia y consumidor

Ofrecer un producto o un servicio personalizado es uno de los modos más eficaces de aumentar la participación del cliente
DON PEPPERS
Ejecutivo de negocios estadounidense, autor y orador principal

Para Santesmases et al., (2003) la actividad de comercialización o de intercambio de bienes y servicios es una de las primeras que llevó a cabo el ser humano en cuanto se relacionó con los demás de su especie.

Taylor & Shaw (1990) afirman que la mercadotecnia se remonta a la aparición de la humanidad y es considerada como una de las profesiones más antiguas del mundo, esta actividad, con el transcurso del tiempo y el incremento del número y complejidad de los intercambios, ha ido evolucionando tanto en la forma de entenderla como de practicarla.

Subrrayan que la mercadotecnia ha evolucionado, desde sus primeros orígenes en la distribución y venta hasta convertirse en una completa filosofía cuya finalidad es relacionar dinámicamente a cualquier organización con sus mercados:

• Hace 6000 años que se constituye el campo de la mercadotecnia. Esta se hace notar cuando la humanidad celebra su primer intercambio, es decir, cuando dos partes con excedentes recurrieron al trueque como alternativa para tener bienes.

• El trueque evolucionó hasta llegar a la venta, que recibió una elevada expresión en civilizaciones muy primitivas.

• En el año de 1650, en Japón el primer miembro de la familia Mitzui, se establece en Tokio como comerciante y abre la primera tienda de departamentos, anticipándose 250 años a las políticas de Sears al actuar como comprador para sus clientes, diseñar los productos adecuados para ellos y crear fuentes para su producción, el principio de «se le devuelve su dinero sin hacer preguntas» y la idea de ofrecer una gran variedad de productos a sus clientes.

• Alrededor de 1850 Cyrus H. McCormick ve la mercadotecnia claramente como función única y central de la empresa comercial, la creación de un cliente como tarea específica de la gerencia y dio los elementos básicos de la mercadotecnia moderna: investigación y análisis de mercados, el concepto de posición de mercado, políticas para fijar precios, el vendedor de servicio y servicio al cliente, suministro de refacciones y el crédito para el pago de abonos.

• A principios del siglo XX la mercadotecnia empezó a utilizarse en Estados Unidos aunque con un significado distinto del actual. En dichas fechas comenzaron a impartirse en las universidades estadounidenses cursos sobre esta nueva disciplina y poco después, se publicaron los primeros libros.

• A principios de la década de 1900 el término «marketing» apareció por primera vez en títulos colegiales.

• En 1905 W. E. Kreusi impartía un curso en la Universidad de Pensilvania bajo el nombre de «Product Marketing» o «Mercadotecnia de productos».

• En 1910 Ralph Stan Butler ofreció un curso titulado «Marketing Methods» o «Métodos de mercadotecnia» en la Universidad de Wisconsin.

• En 1911, en Estados Unidos, la Curtis Publishing Company, instala el primer departamento de investigación de mercadotecnia denominado «investigación comercial».

• Santesmases et al., (2003) resaltan que la mercadotecnia empezó a penetrar en la consciencia de diferentes industrias en distintas épocas. Unas cuantas compañías como General Electric, General Motors, Sears y Procter & Gamble, estuvieron entre las primeras en darse cuenta de sus potenciales; esta se extendió con gran rapidez a las compañías de productos industriales y de artículos envasados para el consumidor.

• Coca Carasila (2008) dice que en 1922 comienzan a utilizarse las señales radiofónicas como medio de publicidad, surgen así los primeros comerciales en este rubro, lo cual tuvo un crecimiento abismal en sólo una década.

• Fueron las universidades las que comenzaron a estudiar el mercado y la influencia de las marcas en las personas, pero la crisis económica mundial en 1929 que siguió durante la década de los 30, tuvo efectos devastadores en sociedades ricas y pobres, la gente quedó sin empleo, las fábricas detuvieron su producción y la comercialización de productos quedó relegada.

• En 1934 hace su aparición el American Marketing Journal, que a partir de 1936 se transformó en el Journal of Marketing y, en 1937 se crea la «American Marketing Association» (AMA) con el fin de promover el estudio científico del marketing.

• La radio fue el medio masivo predilecto para las campañas de publicidad, hasta 1941 cuando surge la publicidad en televisión.

• En 1945 nace la inquietud por el contenido científico del marketing, como ejemplo tenemos a Converse (citado por Coca, 2008) cuando en ese año publica el artículo «The development of the Science of Marketing» en el Journal of Marketing, que puede ser considerado como el inicio del debate sobre la ciencia del marketing.

• Ya en 1950 Theodore Levitt introduce conceptos como mercado meta y segmentación de mercados, con la premisa de que los esfuerzos de publicidad y ventas deben dirigirse al público que vaya a ser un cliente potencial de los productos, así comienza también la utilización masiva de los medios de comunicación con fines publicitarios. El auge de la televisión florece mientras el radiofónico desciende, también surgen nuevas estrategias como el telemarketing debido al gran crecimiento de hogares con teléfono.

• A partir de la década de los 60 se amplían tales límites pues en 1965, la Universidad de Ohio define al marketing como el proceso por el cual una sociedad anticipa, aplaza o satisface la estructura de la demanda de bienes y servicios económicos, mediante la concepción, la promoción, el intercambio y la distribución física de bienes y servicios.

• Santesmases et al., (2003) señalan que en 1969 Philip Kotler y Sydney Levy ampliaron el concepto a fin de incluir la mercadotecnia de instituciones no lucrativas y la mercadotecnia pública, que tienen productos y clientes y realizan actividades como las efectuadas en las empresas.

• En 1971 Philip Kotler y Gerald Zaltman, incluyeron a la mercadotecnia social cuya finalidad es influir en la aceptación de ideas sociales. En cualquier caso, se trata del intercambio de valores (económicos o no) en beneficio a las partes que lo llevan a cabo.

• Coca (2008) menciona que en 1983 según Wind y Robertson, constantemente se ha buscado la integración entre el marketing y la planificación estratégica, derivándose en algunos modelos integradores.

• En 1984 Zeithaml y Zeithaml, declaran que el enfoque del marketing estratégico mantiene una fuerte dosis de proactividad con el entorno, esta visión constituye un imperativo concibiéndolo como una fuerza que la organización puede invocar para crear el cambio y ampliar su influencia sobre el entorno.

- Ese mismo año, Kotler (2009) define el concepto de mercadotecnia como, un proceso social y administrativo por el cual grupos de individuos y organizaciones obtienen lo que desean y necesitan, a través de generar, ofrecer e intercambiar productos con sus semejantes.

- Fisher (1988) afirma que al involucrarse en un contexto tanto social como comercial, la mercadotecnia se interesa en el comportamiento del consumidor donde no se desenvuelve individualmente sino conforme a las influencias del entorno.

Concepto básico: El éxito en las empresas a nivel global solo se asegura para aquellas que mantengan un sólido conocimiento de sus responsabilidades estratégicas, las disciplinas que lo sustentan y la madurez de diversificación de sus negocios. (Adaptado de Colmenares, 1992, Intro.)

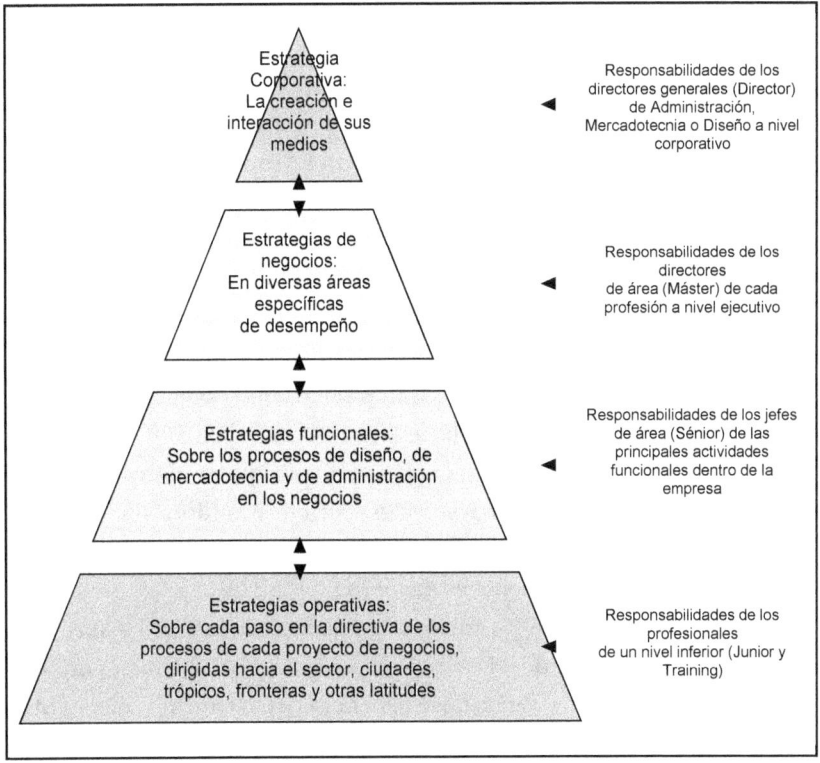

La pirámide de la creación de la estrategia en una compañía de negocios diversificados. Adaptado de: Thompson, Arthur; Strickland, A. J. *Administración estratégica. Conceptos y casos.* USA: Mc Graw Hill, 2004. 398 pp. p. 53.

El objetivo de la mercadotecnia

Haga que la experiencia de marca supere la percepción que se tiene de ella
STAN RAPP
Director ejecutivo de marketing y cofundador empresarial estadounidense

De acuerdo con Schoell & Guiltinan (1991) en una sociedad donde se practica la libre elección, cuando se trata de bienes necesarios, sean estos productos o servicios, el deseo individual del consumidor se vuelve estratégico. La fuerza acumulativa de los deseos de cientos de millones de consumidores en busca de un satisfactor constituye la enorme potencia que activa el desarrollo mercadotécnico.

El éxito de la mercadotecnia se logra entonces vendiendo productos que satisfagan este deseo, anticipándose a esos deseos con la oferta de sus productos; donde los consumidores prefieren comprar los productos que satisfacen sus deseos en un grado máximo y a un costo mínimo.

La característica más importante del concepto actual de la mercadotecnia en la que se incluye su posición en los negocios, puede resumirse en brindar una atención al consumidor, sin embargo no son muchas las organizaciones que tienen, en realidad, una orientación hacia el consumidor, aunque manifiesten que aplican la mercadotecnia, lo único que hacen es, muchas veces, publicidad o venta, sin preocuparse efectivamente de conocer las necesidades del cliente potencial.

Así, es que la mercadotecnia ha sido catalogada de diversas maneras:

• Amplios sectores de la sociedad sostienen que la mercadotecnia no busca satisfacer las necesidades reales del consumidor, sino que crea dichas necesidades, y que manipula por tanto, al consumidor, siendo falsa la afirmación de que «el cliente es primero».

• Taylor & Shaw (1990) subrayan que en ocasiones los gestores de la mercadotecnia pierden de vista sus metas finales y se concretan en las ganancias a corto plazo o un dudoso beneficio para sí mismos o para otros. Cuando llegan a perder ese sentido del propósito más elevado de la mercadotecnia, su labor se torna insatisfactoria y su actitud cínica.

• Schoell & Guiltinan (1991) comentan que también, la mercadotecnia consiste en organizar y dirigir el empleo de los recursos, con el fin de que el ingreso por las ventas del producto o servicio exceda los costos y que este excedente se maximice.

• Esto es, según Taylor & Shaw (1990) maximizar el consumo de mercado de cualquier cosa que la compañía produzca. Aunque añade que según este punto de vista, el encargado de mercadotecnia es un técnico que planea las ganancias de ventas.

La función actual de la mercadotecnia en los negocios no siempre tiene el protagonismo que merece.

Frías (2004) señala que erróneamente académicos y profesionistas han considerado la mercadotecnia como el arte de vender productos, pero el objetivo de esta disciplina no son las ventas, es conocer y entender a los clientes lo suficientemente bien para que el producto o servicio generado no solo cubra las necesidades, sino que en lo posible las exceda, logrando que este se venda casi solo.

En palabras de Peter Drucker (mencionado por Taylor & Shaw 1990) «La mercadotecnia es tan básica para los negocios, que no puede considerarse como función separada de una empresa, es la empresa total vista desde la perspectiva de su resultado final, es decir, desde el punto de vista del cliente».

Taylor agrega que durante las últimas décadas las empresas de servicio al consumidor se han abierto y dado entrada a la mercadotecnia. Todas las empresas grandes y pequeñas, de cualquier parte del mundo, lucrativas o no lucrativas están comenzando a apreciar la diferencia que existe entre venta y mercadotecnia y se están organizando para llevar a cabo la mercadotecnia.

En este sentido, es un hecho que para hacer surtir eficazmente los efectos de la mercadotecnia en tus negocios y tu compañía, es necesario, primero que seas consciente de la necesidad de sus beneficios, en consecuencia asignarle un departamento, o bien, mejorar las funciones que desempeña y después administrarle profesionalmente.

Schoell & Guiltinan (1991) comentan que en la administración de mercadotecnia el desafío dominante es el cambio, debido a la creciente rapidez con que las innovaciones del diseño en los productos y servicios provocan una constante presión para adaptarse a las demandas competitivas del mercado.

Al respecto, se debe poner atención a cuatro elementos:

1. Establecer el equilibrio del costo con la satisfacción: Con el fin de alcanzar la máxima preferencia de los consumidores de la forma más uniforme posible.

2. Administrar el mercado: A fin de formar un volumen satisfactorio a la empresa y al consumidor.

3. Comprender la naturaleza del mercado y parte de la mecánica que implican los procesos de éste hacia el producto y sus efectos en el consumidor.

4. Examinar los cambios ocurridos en la administración de mercadotecnia en el largo plazo para analizar las innovaciones más importantes que se han hecho.

Cuando tu compañía atiende estos puntos se ven involucrados los aspectos de la mercadotecnia que van dirigidos al cliente, dando un sentido estratégico al objetivo que ambos buscan cumplir, que es consumar una satisfacción, mediante intercambios de valor.

Así, podemos definir la mercadotecnia estratégica en un mayor contexto al analizar oportunidades de mercado de gran alcance y elegir mejores posiciones siguiendo los programas y controles creados, que respaldan negocios viables y que llevan el propósito y los objetivos de la compañía.

Taylor & Shaw (1990) acentúan que dentro de las organizaciones, el departamento de mercadotecnia tiene como responsabilidad mayor principiar con el esfuerzo de generar un juego atractivo de oportunidades para la empresa en cualquier parte dentro de la compañía a partir de sus productos o servicios así como crear, evaluar y seleccionar buenas ideas que sean atractivas como oportunidades del ambiente hacia la empresa:

1. Las oportunidades internas de la compañía: son movimientos de mercadotecnia pertinentes y éstas las sugiere el propósito, los objetivos, las estrategias de crecimiento y las decisiones de portafolio de la propia compañía.

Es una situación atractiva de acción de mercadotecnia pertinente, en la que una empresa en particular probablemente disfrute de una ventaja diferencial. Toda compañía cuenta con competencias distintivas, es decir, cosas que puede hacer especialmente bien.

2. Las oportunidades ambientales: son las posibilidades de mercado de una compañía, en tanto que existan necesidades insatisfechas.

En las diferentes industrias existen grandes oportunidades para crear nuevos y mejores métodos de mercado, pero ninguna representa necesariamente una oportunidad para cierta compañía específica. Toda oportunidad ambiental posee requisitos del éxito específicos.

Es por ello, que la principal aportación técnica de la mercadotecnia estratégica es evaluar el potencial de ventas de cada oportunidad con métodos útiles para lograr servir al mercado.

Al respecto Frías (2004) declara que el objetivo de la mercadotecnia en las empresas cumple la función de planear y crear productos y servicios que permitan obtener un mayor nivel de vida.

Concepto básico: Dentro del proceso de mercadotecnia, el desarrollo de un nuevo producto requiere una comunicación fiel para ser útil, que emocione al consumidor y genere un mayor nivel de vida.

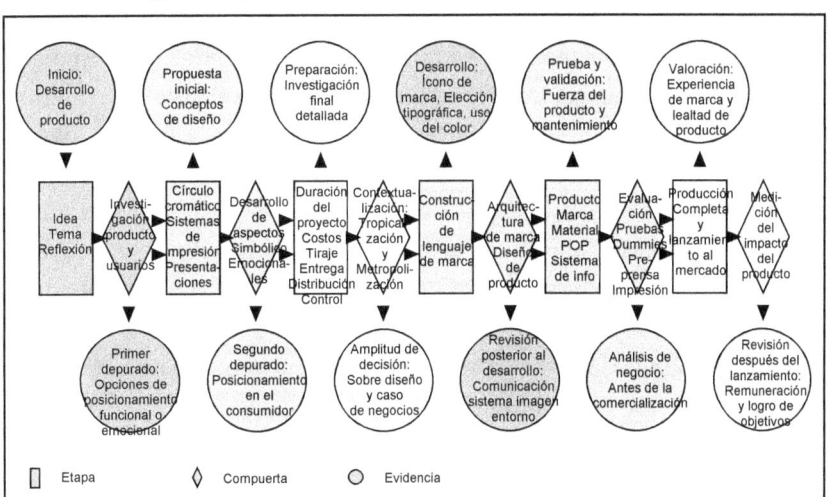

El sistema de etapa compuerta en el desarrollo de un nuevo producto al mercado. Adaptado de: Mullins, J.; Boyd, H.; Walker O.; Larreché, JC. *Administración de marketing. Un enfoque en la toma estratégica de decisiones.* México: Mc Graw Hill Interamericana, 2007, 519 pp. p. 258. Y de: Mono diseño; Charlotte Rivers; Clare Dowdy. *Identidad corporativa: del brief a la solución final.* Barcelona: GG. Diseño, 2006, 158 pp. pp. 1&158.

La gerencia de mercadotecnia estratégica

Si crees que el buen diseño es caro, deberías mirar
lo que cuesta el mal diseño
RALF SPETH
Importante ingeniero y ejecutivo automotriz alemán

Para Lamb, Hair, & McDaniel (2011) la dirección de mercadotecnia es entendida como el diseño de actividades relacionadas con los objetivos y los cambios en el ambiente del mercado.

Santesmases et al., (2003) proponen que un director que planea la mercadotecnia debe tomar decisiones de mercadotecnia basándose en su juicio de la respuesta del consumidor a los aspectos costo-satisfacción de los productos que diseña y que suministra una compañía, así como en la evaluación de su habilidad para educar dicha respuesta del consumidor.

Munch (2009) señala que en las grandes corporaciones, la toma de decisiones que efectúan los directivos de mercadotecnia está a cargo de ejecutivos profesionales dedicados exclusivamente al área donde además cuentan con especialistas en su materia. Y en las PyMEs es poco común encontrar compañías con departamentos de mercadotecnia ampliamente desarrollados.

La importancia del departamento de mercadotecnia en una empresa se centra en reunir los factores y hechos que influyen en el mercado, para crear lo que el consumidor quiere, desea y necesita, distribuyéndolo de forma que esté a su disposición en el momento oportuno, en el lugar preciso y al precio más adecuado.

Para Enríquez (2013) el punto favorable para el emprendedor o el pequeño empresario es que el desarrollo de la estrategia de mercadotecnia no es una fantasía que tenga que asociarse con altos costos, con el avance en la comunicación electrónicas de contenidos toma relevancia, dado que el costo que genera es realmente mínimo.

En este sentido Contreras (2001) afirma que la misión es una declaración duradera del objeto de una empresa que la distingue de otras y el alcance de las operaciones de una empresa está en sus productos y mercados.

Por lo que la declaración de tu misión debe indicar el objetivo característico que diferencia tu empresa, en forma única.

Kotler (2009) dice que la declaración de la misión, es la expresión del propósito de la organización, o sea, lo que desea lograr en el entorno más amplio. También recomienda que su construcción se oriente hacia el mercado, es decir, en términos de satisfacer las necesidades de los consumidores.

Baena (2011) expresa que lo aconsejable es que la declaración de la misión se realice sobre el mercado al que ha de servir, siempre cuidándose de no caer en la miopía de mercadotecnia, que es enfocar el negocio desde la perspectiva del producto y no desde la del mercado.

Bajo este tenor, la más objetiva retribución con la que puedes conseguir la satisfacción del consumidor, es la evaluación de su opinión sobre un producto o servicio deseado o adquirido para mejorarlo. El instrumento de mercadotecnia que logra el único propósito de satisfacer las necesidades de los consumidores, es el estudio de mercado. Este determina los factores que influyen en las decisiones de compra del consumidor, es decir, analiza su comportamiento sobre sus preferencias de mercado.

La American Marketing Association [AMA] (2004) define la investigación de mercados como «la función que vincula al consumidor, cliente y público con el vendedor a través de información -utilizada para identificar y definir las oportunidades y los problemas de comercialización; generar, refinar y evaluar las acciones de marketing; monitorear el desempeño de la comercialización; y mejorar la comprensión del marketing como un proceso-. La investigación de mercados especifica la información necesaria para abordar estas cuestiones, diseña el método de recogida de información, gestiona y ejecuta el proceso de recopilación de datos, análisis de los resultados, y comunica los resultados y sus implicaciones».

Fisher (1988) dice que cuando la mercadotecnia analiza el ambiente de mercado, se evalúan las preferencias del consumidor sobre un mercado o producto. Según Fisher la investigación de mercado refiere a conocer quiénes son o pueden ser los consumidores o clientes potenciales para identificar sus características.

Aplicarlo puede ofrecer grandes beneficios a tu empresa que basada en sus resultados, dé mejores datos que fortalezcan las herramientas de la gerencia de mercadotecnia para aumentar la demanda de producto, la participación en el mercado y la utilidad.

Tales herramientas son las 4 P's que juntas son llamadas mezcla de mercadotecnia, o producto, precio, promoción y plaza.

Para la AMA (2014) la mezcla de mercadotecnia son variables controlables que la empresa utiliza para perseguir el nivel deseado de las ventas en el mercado objetivo.

Kotler & Amstrong (2003) definen así las 4 P's de la mezcla de mercadotecnia:

1. Producto: Es la combinación de bienes y servicios que la compañía ofrece al mercado meta. El diseño de producto.

2. Precio: Es la cantidad de dinero que los clientes tienen que pagar para obtener el producto. El precio del producto.

3. Promoción: Implica las actividades que comunican las ventajas del producto y persuaden a los clientes meta de que lo compren. La promoción que acerque el producto al consumidor.

4. Plaza: También conocida como distribución incluye las actividades de la compañía que hacen que el producto esté a la disposición de los consumidores meta. El lugar que exhiba y ponga en manos del consumidor al producto.

Estos cuatro elementos son las herramientas básicas del director de mercadotecnia, en las que deberá basar sus decisiones para que mediante su combinación ofrezca beneficios a la compañía.

Las 4 variables son entendidas de forma más clara al aplicarlas en la investigación de mercado:

1. Conociendo si el consumidor satisface sus necesidades o deseos con la adquisición del *producto*.

2. Conociendo si el consumidor está satisfecho con el *precio* o considera que el dinero a pagar es mayor al beneficio que obtiene.

3. Conociendo la información sobre el medio de *promoción* con mayor impacto o influencia que ha tenido en el consumidor.

4. Conociendo por último si el consumidor adquiere su producto en el lugar de *distribución* o *plaza* y en el momento preciso.

Ante el panorama descrito a cada P se le crea su estrategia:

1. Para el producto: su valor agregado, es decir, convertir nuestro producto en una idea superior a la de nuestro competidor.

2.   Para el precio: que puede ser modificado, desde ser disminuido por medio de la producción a costos bajos hasta ofrecer rebajas para volver atractiva la compra del producto.

3.   Para la promoción: los medios o las ideas que expresa nuestro mensaje hacia el consumidor, mientras más concreta y atractiva sea la comunicación más favorable resultará.

4.   Para la plaza: elegir el lugar adecuado que realizará la distribución, una relación entre la empresa con su mercado para ampliarse llevar el producto hacia el cliente.

Es importante recordar que la aplicación de la mezcla de mercadotecnia debe estar basada en la investigación de mercado, tomando en cuenta la competencia y las tendencias, para que proporcione las bases y herramientas necesarias sobre los que se genere la rentabilidad de la estrategia.

Ante la responsabilidad de que funcione la estrategia, toda esfuerzo de mercadotecnia debe estar ligado a lo que aluden Lamb, Hair, & McDaniel (2011) dicen que al introducir el análisis situacional mejor conocido como FODA, se determina la identificación del entorno interno y externo en el cual se efectúa la venta del producto o servicio.

Concepto básico: La adecuada conformación de la estrategia inicia con la identificación de las oportunidades y los riesgos en el ambiente externo para poner en acción las oportunidades con los recursos de la empresa a fin de implantar la estrategia.

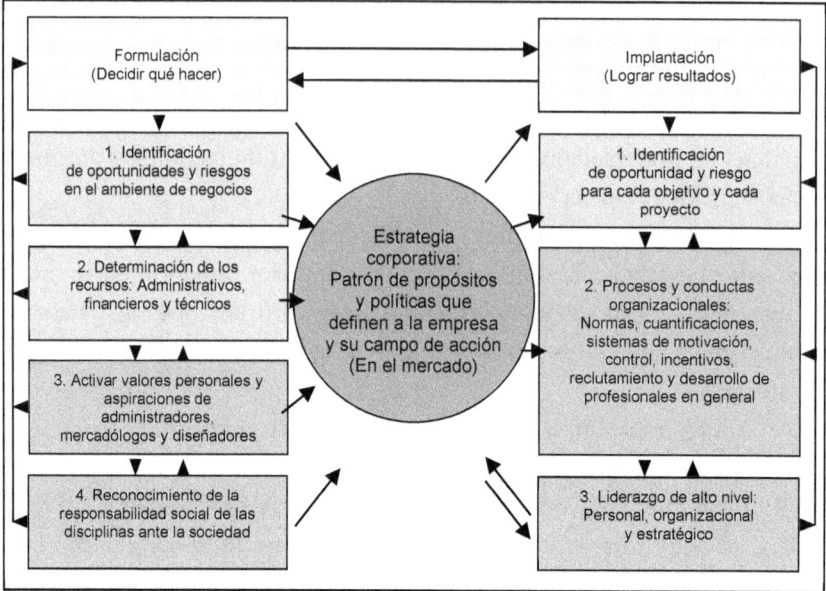

La implantación de la estrategia en una empresa. Adaptado de: Mintzberg, Henry; J. Brian; J. Voyer. *El proceso estratégico. Conceptos, contextos y casos*. México: Prentice Hall Hispanoamericana, 1997. 641 pp. p. 54.

The marketing planning

Tienes que vivir con tu producto. Tienes que empaparte de él. Tienes que
saturarte de él. Tienes que llegar al corazón del mismo. Así es, pero si no
encuentras un concepto original que pueda ser comunicado al lector, no puedes
ser creativo

WILLIAM BERNBACH

Director creativo de publicidad estadounidense

En un ambiente comercial donde se debaten por el mercado tanto minoristas como mayoristas de gran escala, obtener una ventaja que les permita competir mejor es la base crucial de la mercadotecnia estratégica motivo por el cual, se fundamenta en la planeación. El departamento de mercadotecnia utiliza el plan de mercadotecnia como herramienta esencial para su funcionamiento.

Enríquez (2013) dice que una gran empresa o un pequeño negocio que busca competir con éxito en la comercialización de sus productos o servicios, deben planear y establecer cuatro tácticas iniciales de mercadotecnia:

1.   Crear una identidad de marca inconfundible: El éxito del negocio está determinado por su poderosa capacidad de comunicar con precisión y por ofrecer una experiencia definida, sencilla y coherente. En pocas palabras se llama hacer «branding», y cuando se hace bien, se asegura un negocio en la mente de los clientes que la empresa necesita. La identidad de marca debe ser contundente, clara, y crearse antes de iniciar cualquier acción de mercadotecnia.

2.   Identificar al público objetivo para conectar con él: Lo que la empresa tiene que ofrecer, alguien en específico lo quiere y necesita. Y no es todo el mundo. El público objetivo es sólo aquel consumidor que lo necesita, y exactamente, aquellos que están dispuestos a pagar por ello. Identificar bien al grupo específico de consumidores que reúnen características en momentos, lugares y circunstancias especiales, develará una conexión para atraerlos.

3.   Generar ofertas convincentes que atraigan clientes como imán: Es trabajar en proporcionar a los clientes aquello que les emociona y quieren sentir, para que lleguen a visualizar cómo esos servicios pueden satisfacer

dichos sentimientos. El cliente quiere saber: «¿Qué hay de eso para mí?» Acceda al sentimiento y cree ofertas que emocionen a sus clientes. Haga de ellos sus fans delirantes. Todas las decisiones de compra se basan en la emoción y sentimiento.

4. Aterrizar un plan de mercadotecnia alcanzable: Hacer todo lo requerido para que el producto o servicio se vuelva al alcance, más conveniente y más rentable. El plan de mercadotecnia debe establecer el panorama general que proporcione un amplio enfoque basando en el cliente. La elaboración de un plan automáticamente logrará una ventaja sobre la mayoría de la competencia, siempre que este sea objetivo y viable, para alcanzar los objetivos de negocio.

Aplicar adecuadamente la planificación de mercadotecnia puede transformar cualquier empresa grande o pequeña, en una fortaleza comercial que pueda extender sus alcances, con clientes satisfechos. Su flexibilidad y dinamismo dependerá en mucho de la exactitud en el trabajo inicial para desarrollar de su contenido.

Sanz de la Tajada, (mencionado en Saínz de Vicuña, 2013) afirma que el plan de mercadotecnia es el documento escrito en el que de una forma sistemática y estructurada, antelados los correspondientes análisis y estudios, se definen los objetivos por conseguir en un período de tiempo determinado, así como se detallan los programas y medios de acción que son precisos para alcanzar los objetivos declarados en el plazo previsto.

Tanto (Fischer & Espejo, 2004) como (Stanton, Etzel, & Walker, 2007) apuntan a que se debe redactar un documento para planear los esfuerzos de mercado y funcionar en toda la compañía, este es el plan estratégico de mercadotecnia, que desarrolla seis importantes pasos:

Stanton et al., (2007) concuerdan en:

1. Análisis de la situación: Donde se incluye un análisis FODA diagnóstico, los grupos de consumidores a quien se dirige la compañía, las estrategias para satisfacerlos y las principales medidas del desempeño de mercadotecnia. También, se identifica y evalúa a los competidores que abordan a los mismos mercados.

2. Objetivos de mercadotecnia: Guardan una relación estrecha con las metas y las estrategias corporativas. Cada objetivo debe recibir su prioridad respecto a su exigencia, su resultado en el área y su preponderancia en la organización. Después, los recursos deben asignarse de acuerdo con esas prioridades.

3.   Posicionamiento y Ventaja diferencial: El posicionamiento será el resultado de la preferencia del producto contra los productos competidores en el mercado y contra otros productos de la misma compañía. La ventaja diferencial será cualquier característica de una organización o marca que los consumidores perciben deseable y distinta contra la competencia.

4.   Mercado meta y Demanda del mercado: Son los grupos de personas u organizaciones meta a los que la empresa dirigirá sus esfuerzos de mercadotecnia. Luego, se incluye un pronóstico de la demanda, o de ventas, en los mercados meta que parezcan más prometedores para considerar y decidir el segmento conveniente u otros alternativos.

5.   Mezcla de mercadotecnia: Es la combinación de numerosos aspectos de los siguientes cuatro elementos: qué producto es, cuál es su precio, cómo se le promueve y dónde se le distribuye. El cometido de cada uno de estos elementos es de satisfacer al mercado meta y cumplir con los objetivos de mercadotecnia de la compañía.

Fischer & Espejo (2004) proyectan además:

6.   Evaluación de resultados o Control: Es la herramienta que permitirá evaluar y controlar constantemente cada operación del plan estratégico de mercadotecnia para que el resultado final se apegue lo más posible a lo deseado.

Y agregan que las ventajas de la planeación favorecen a:

a)   Estimular el pensamiento sistemático de la gerencia de marketing.

b)   Mejorar la coordinación de todas las actividades de la empresa.

c)   Orientar a la organización sobre los objetivos, políticas y estrategias que se deberán llevar a cabo.

d)   Evitar que existan desarrollos sorpresivos dentro de las actividades de toda la empresa.

e)   Contribuir a que haya mayor participación de los ejecutivos, al interrelacionar sus responsabilidades hacia los cambios de los proyectos de la empresa y el escenario en que se desenvuelve.

Taylor & Shaw (1990) dicen que la principal aportación de la mercadotecnia estratégica es evaluar el potencial de ventas de cada oportunidad con métodos útiles para lograr servir al mercado.

Lamb et al., (2011) precisan que la relación entre la mercadotecnia y la planeación estratégica requiere el enfoque adecuado del plan de mercadotecnia. Las decisiones que el director del departamento de mercadotecnia debe hacer en este plan son de interés ineludible de la empresa.

Según Lamb, la toma de decisión forma parte de la dirección estratégica, se realiza tomando en cuenta los beneficios que la organización espera en un determinado período y se basa en la matriz de producto/mercado, también denominada caja de Ansoff. Es una técnica para el análisis de negocios que permite identificar oportunidades de crecimiento. Puede ayudar a considerar las implicaciones de crecimiento del negocio a través de productos y mercados, tradicionales o nuevos. Cada una de estas opciones de crecimiento se basa en la investigación, influencia y análisis interno y externo, que luego trabajarán en la estrategia elegida.

Según la Free-management-ebooks.com (2013) mantiene 4 estrategias de mercadotecnia, la secuencia es:

1.   Penetración de mercado: Enfocar las ventas de tus productos o servicios existentes a tus mercados existentes y conseguir crecimiento en el mercado compartido.

2.   Desarrollo de mercado: Enfocarse en desarrollar nuevos mercados o segmentos de mercado para tus productos o servicios existentes. Favorece la demanda.

3.   Desarrollo de producto: Enfocarse en nuevos desarrollos de productos o servicios para tus mercados existentes. Activa la frecuencia.

4.   Diversificación: Enfocarse en el desarrollo de nuevos productos o servicios para su venta en nuevos mercados.

Para planificar el mercado es necesario el estudio de mercado que te sirve para colectar de tu muestra representativa, los datos necesarios que requieres transformar en el producto que desea obtener tu público objetivo.

TEQUILA SUNRISE PARA NEGOCIOS

Concepto básico: El proceso de planificación y ejecución de una investigación de mercado tiene etapas que pueden entenderse como un proceso cíclico, pues las conclusiones de una investigación generan nuevas ideas o exponen nuevos problemas susceptibles de investigarse.

I. DISEÑO

1. FORMULACIÓN DEL PROBLEMA: Solo planteándolo en forma adecuada se encuentra la respuesta correcta.

1.1 Descubrimiento:
- Descubre la necesidad existente por solucionar.
- Valora la oportunidad. Por ejemplo, introducir un nuevo producto en la gama.
- Evalúa la estrategia adoptada por la dirección comercial.

1.2. Definición:
- Define con precisión los objetivos para guiar todo el proceso posterior.
- Plantea las interrogantes o hipótesis que la investigación debe resolver o contrastar.
- Responde a la pregunta: «¿por qué realizamos esta investigación?»
- Define una idea de la información que se necesita y la forma de obtenerla.

2. DETERMINACIÓN DEL DISEÑO DE INVESTIGACIÓN: Afronta el problema y su naturaleza.

2.1 Diseño Exploratorio:
- Utiliza fuentes de información secundaria y métodos cualitativos de investigación basados en pequeñas muestras (dinámica de grupos, entrevistas en profundidad, observación, etc.).
- Identifica amenazas y oportunidades del entorno.
- Define los problemas con precisión a nivel de sus objetivos e interrogantes.
- Plantea hipótesis explicativas de los hechos que identifiquen variables básicas y sus posibles relaciones.

2.2 Diseño Concluyente:
- Contrasta las hipótesis formuladas después de haber realizado una investigación exploratoria.
- Evalúa y seleccionan alternativas de acción.
- Establece relaciones entre las variables de interés.

2.2.1 Diseño Descriptivo:
- Investiga por encuestas, obteniendo muestras que permitan generalizar los resultados a la población.
- Responden a preguntas: «quién», «qué», «cuándo», «cuánto», «cómo», «dónde» y «por qué», de modo cuantitativo.
- Describe fenómenos del mercado y miden frecuencia con que se presentan.
- Determina el grado de asociación entre variables.
- Elabora predicciones.

2.2.2 Diseño Causal:
- Estima hasta qué punto los cambios de una variable (controlable, independiente o por tratamiento) produce cambios en otras variables (no controlables, dependientes o de efecto), en una secuencia temporal.
- Identifica y especifica totalmente el problema de investigación.
- Determina cuáles son las variables o tratamientos independientes y cuáles las dependientes.
- Determina las relaciones funcionales entre causas y efectos.
- Su metodología es el método experimental. Controla las condiciones externas de modo que una o más variables se pueden manipular para probar una hipótesis sobre cómo afecta a otra, y todo ello suele realizarse usando grupos de control.

3. PREPARACIÓN: Delimita todas las actividades previas al trabajo de campo.

3.1. Determinación de la información necesaria:
- La información secundaria es la que ya existe, está elaborada y publicada. Puede haber sido generada por la propia empresa o por terceros y se le puede disponer por encontrarse almacenada en la propia empresa (interna), o fuera de ella (externa). Esta última puede ser bibliográfica, u obtenida de forma gratuita (publicaciones y bases de datos en bibliotecas de centros públicos), o puede ser sindicada, o adquirida por un precio a empresas especializadas en la obtención de información.
- La información primaria es la obtenida específicamente para el meollo de investigación, se requiere ya que la información necesaria no ha sido recopilada anteriormente por nadie o bien, no se tiene acceso a la misma. Por tanto, debe ser generada por investigación cualitativa (dinámica de grupos, entrevistas, observación, técnicas proyectivas) o cuantitativa (encuestas, experimentos, observación).

3.2. Determinación del método de obtención:
- Por técnicas cualitativas: como la dinámica de grupos, la entrevista en profundidad, las técnicas proyectivas o la observación directa. Estas técnicas son muy flexibles, carecen de estructuras rígidas e incluyen, por lo general, un reducido número elementos muestrales (entrevistas). Permiten la exploración de los problemas y el planteamiento de hipótesis.
- Por técnicas cuantitativas: como la investigación por encuesta, la observación directa y el diseño de experimentos. Estas técnicas suelen implicar el uso de cuestionarios estructurados e incluir un gran número de entrevistados, pues exigen proyectar resultados a la población. Cuando para afrontar el problema de investigación sea suficiente con la obtención de información secundaria, esta subfase quedará reducida a la determinación de sus fuentes de información disponibles, y que tomarán la forma de publicaciones y bases de datos.

3.3. Diseño del cuestionario:
- El cuestionario es el instrumento formal o soporte utilizado habitualmente para recoger la información primaria fiable y válida. En general, un buen cuestionario será ameno y fácil de cumplimentar.
- Obtiene información primaria, implica llevar a cabo una serie de actividades especiales como el diseño del cuestionario y de la muestra.
- Decide las escalas de valoración que se usarán para medir las variables de interés. Así, habrá que elegir entre escalas comparativas o no comparativas; entre escalas de un solo ítem o multi-item,...
- Determina su estructura (orden o secuencia de las preguntas) y su formato (de gran importancia en cuestionarios autoadministrados).
- Realiza una prueba previa del mismo con una pequeña submuestra con el fin de mejorarlo antes de su aplicación definitiva.

3.4. Diseño de la muestra:
- La muestra es un subconjunto de la población, en representación general seleccionada para su estudio. Personas, hogares, empresas,...
- Garantiza la representatividad de la selección, de modo que los resultados del estudio puedan generalizarse a la población.
- Define la población objetivo del estudio y la identifica mediante un marco del muestreo.
- Determina el método para seleccionar los elementos de la muestra a partir del marco muestral (probabilístico o no probabilístico) que afecta decisivamente al grado de representatividad de la muestra.
- Decide el tamaño de la muestra, aspecto que afectará a la precisión de las estimaciones y al coste del estudio. A partir del tamaño fijado se podrá estimar el error muestral de las estimaciones.

II. BÚSQUEDA

4. TRABAJO DE CAMPO: Recoge la información con el cuestionario.

4.1. Planificación: organización y programación del trabajo de campo, incluida la preparación de las instrucciones; deberán ser fijadas las normas relativas al modo de seleccionar a los entrevistados (cuándo y dónde seleccionar la muestra).

4.2. Preparación de entrevistadores: Incluye su selección y capacitación. Se pretende que los entrevistadores se familiaricen con una serie de normas generales y con la investigación concreta en la que van a colaborar. Esta fase implica la elaboración de un conjunto de instrucciones sobre la aplicación correcta del cuestionario e instrucciones para cada una de las preguntas del mismo.

4.3. Realización de entrevistas: Implica seleccionar las unidades muestra y realizar la encuesta. Es decir, es el propio trabajo de campo.

4.4. Control del trabajo: Implica la supervisión de las encuestas realizadas por los entrevistadores.

III. ANÁLISIS

5. PROCESAMIENTO DE INFORMACIÓN: Encausa con precisión la información obtenida.

5.1. Edición: Consiste en la revisión de los cuestionarios recibidos del campo a fin de decidir si son válidos para el análisis. La edición implica el examen de diversos aspectos, unos directamente sobre el cuestionario en papel y otros posteriormente (por verificación) sobre el soporte informático, una vez que los datos han sido grabados.

La edición da lugar a la exclusión de aquellos cuestionarios que no cumplen con el mínimo de calidad establecido, haciendo disminuir el tamaño de la muestra. Representa un proceso de control del trabajo de los entrevistadores.

Se analizan los siguientes aspectos principalmente:

• Que no falten páginas en el cuestionario.

• Que las preguntas claves del cuestionario hayan sido contestadas.

• Que las preguntas claves del cuestionario estén contestadas de forma correcta, es decir, siguiendo las instrucciones establecidas.

• Que el cuestionario haya sido contestado por individuos de la población objetivo.

• Que se hayan cumplido las cuotas muestrales.

Además, también será muy importante verificar los siguientes puntos:

• La coherencia en las respuestas de los encuestados. Para ello se analizan las preguntas de control incluidas en el cuestionario. Por ejemplo, no es coherente un encuestado que señala que no conoce determinada marca, pero luego afirma haberla comprado alguna vez.

• La no influencia del entrevistador en las respuestas del encuestado. Para ello se revisan todos los cuestionarios de un mismo encuestador en su conjunto, para determinar que no se observan patrones de respuesta sospechosos.

• La no falsificación de los cuestionarios por parte del entrevistador. Para ello se realiza el denominado refrendo que consiste en llamar por teléfono a un porcentaje de los encuestados para verificar que el cuestionario fue efectivamente realizado.

5.2. Codificación: Consiste en la asignación de códigos (normalmente numéricos) a cada una de las opciones de respuesta de cada pregunta. Ello facilita la grabación de los datos, así como el análisis estadístico de la muestra mediante software. Este proceso suele desarrollarse durante la fase de diseño del cuestionario, ya que es muy conveniente que los códigos asignados a cada pregunta y opción de respuesta aparezcan en el cuestionario para facilitar el proceso de grabación de los datos al fichero informático.

5.3. Diseño de la base de datos: Consiste en diseñar la estructura del archivo que va a contener todos los datos en bruto obtenidos en el campo.

Fundamentalmente implica la creación de las variables que representan los conceptos medidos por el cuestionario. Este proceso también conviene realizarlo como parte del diseño del cuestionario.

5.4. Grabación: Implica la transcripción de los datos desde el soporte en papel (cuestionario) a la base de datos informática preparada. Tras grabar los datos, el archivo contiene las respuestas codificadas dadas por todos los entrevistados a las preguntas del cuestionario.

5.5. Verificación: Implica un proceso de edición de los datos grabados. Se comprueba que la grabación no contiene errores y que los cuestionarios reúnen un máximo de calidad (respuestas coherentes, no influencia del entrevistador,...).

6. TABULACIÓN Y ANÁLISIS: Son subfases de todo el proceso.

6.1 Tabulación: Su objetivo es la exploración inicial de los datos obtenidos, ofreciendo los resultados básicos. Implica el recuento y el resumen en disposición ordenada de los datos en bruto (almacenados en el archivo) en una tabla u otro formato de resumen. Equivale al cálculo de la distribución de frecuencias de cada variable, es decir, al recuento de las frecuencias absolutas y relativas de cada opción de respuesta para cada pregunta.

6.2 Análisis: Implica el desarrollo de diferentes operaciones sobre los datos en bruto, más allá del simple recuento, a fin de obtener resultados y conclusiones no directamente observables, es decir, que no se derivan de la simple observación de las tablas de frecuencias. Permiten simplificar la información recopilada con el cuestionario o contenida en el archivo de datos y llegar a conclusiones sobre el comportamiento de las variables. El análisis puede ser:

• Descriptivo: si el objetivo es resumir la información de la muestra. Se emplean técnicas de estadística descriptiva (medias, varianzas, correlaciones,...).

• Inferencial: si el objetivo es realizar juicios sobre el comportamiento de la población sobre la base de los resultados de la muestra. Se emplean técnicas de estadística inferencial (test o contrastes de hipótesis).

Por otro lado, dependiendo del número de variables que se analizan simultáneamente, el análisis puede ser::

• Univariado: si se estudia cada variable por separado (media, varianza,...).

• Bivariado: si se analizan las relaciones entre pares de variables (correlación, tabulación cruzada,...).

• Multivariante: si se analizan más de dos variables de forma simultánea. Los métodos multivariantes se caracterizan por su gran potencial de tratamiento y simplificación de datos. Los más utilizados en investigación de mercados son los siguientes: análisis factorial de correspondencias, análisis de componentes principales, análisis de clasificación (cluster), análisis de escalas multidimensionales, análisis discriminante, análisis de regresión, análisis de medidas conjuntas (conjoint), análisis de la varianza y análisis de segmentación jerárquica. Finalmente, también debe tenerse en cuenta el nivel de medida de las variables a fin de seleccionar el tipo de análisis más adecuado para los datos obtenidos. En este sentido debe diferenciarse entre datos métricos y no métricos (bien ordinales o bien nominales).

IV. COMUNICACIÓN DEL INFORME

7. COMUNICACIÓN Y PRESENTACIÓN

7.1 Informe escrito y presentación oral: Es la redacción formal apoyada en un discurso para su proyección. Como los únicos aspectos del estudio que conocerá la dirección comercial, su evaluación dependerá en gran medida de la forma en que se comunique.

• Incluir al principio del informe un pequeño resumen, denominado ejecutivo, que en un par de páginas sintetiza lo más relevante de la investigación.

• Comenzar el discurso con los destinatarios y siempre ser breves, aunque exhaustivos.

• Incluir al menos la Naturaleza del problema investigado y objetivos de la investigación.

• Metodología aplicada (fuentes de información consultadas, métodos de obtención de información aplicados, selección de muestras, técnicas de análisis empleadas,...).

• Resultados obtenidos.

• Conclusiones y recomendaciones.

Fases del proceso de investigación de mercados. Adaptado de: EducaMarketing (2005) *Guía para realizar una Investigación de Mercados.* Extremadura, España: Universidad de Extremadura.

La competitividad

La esencia de la competitividad es liberada cuando hacemos que la gente crea que aquello en lo que piensa y hace es importante y luego salimos de su camino mientras lo hacen

JACK WELCH

Ejecutivo de negocios, autor e ingeniero químico estadounidense

Para Wikipedia.org (2015), el concepto de competitividad se entiende como la capacidad de generar la mayor satisfacción de los consumidores ofreciendo la asociación de un menor precio respecto a una cierta calidad, las empresas más competitivas podrán asumir mayor cuota de mercado a expensas de empresas menos competitivas, si no existen deficiencias de mercado que lo impidan.

La pérdida de competitividad describe un aumento de los costos de producción, ya que eso afectará negativamente al precio o al margen de beneficio, sin aportar mejoras a la calidad del producto.

Para asimilar la importancia de la competitividad y lograr que funcione hacia el entorno de los negocios hay que entender lo que Porter (1990) considera como la unidad básica de análisis para comprender la competencia empresarial, es el sector, la entidad empresarial donde interactúan un grupo de competidores que fabrican productos o prestan servicios y compiten directamente unos con otros.

Ahí dentro, Porter (1980) dice que la naturaleza de la competencia se compone de cinco fuerzas competitivas:

1. El poder de negociación de los compradores: Los clientes poderosos, son capaces de capturar más valor si obligan a que los precios bajen, exigen mejor calidad o mejores servicios lo que incrementa los costos y, por lo general, hacen que los participantes del sector se enfrenten; todo esto en perjuicio de la rentabilidad del sector, especialmente si son sensibles a los precios y usan su poder principalmente para presionar y lograr reducciones de precios.

2. El poder de negociación de los proveedores: Los proveedores poderosos capturan una mayor parte del valor para sí cobrando altos precios, restringiendo la calidad o los servicios, o transfiriendo los costos a los participantes del sector. Cuando un corporativo mundial alza los

precios de las incorporaciones a un producto, contribuye a erosionar la rentabilidad para los otros fabricantes del mismo producto que cuentan con muy restringidas posibilidades de alzar sus precios.

3. La amenaza de nuevas incorporaciones: Los nuevos entrantes en un sector introducen nuevas capacidades y un deseo de adquirir participación de mercado, lo que ejerce presión sobre los precios, costos y la tasa de inversión necesaria para competir. Pueden apalancar capacidades existentes y flujos de caja para remecer a la competencia, sobre todo cuando se diversifican desde otros mercados. La amenaza de nuevos entrantes, por lo tanto, pone límites a la rentabilidad potencial de un sector.

4. La amenaza de productos o servicios sustitutos: Un substituto cumple la misma función o una similar que el producto de un sector mediante formas distintas. Las video conferencias son un substituto de los viajes. El plástico es un substituto del aluminio. El e-mail es un substituto del correo postal exprés. También cuando un substituto reemplaza el producto de un sector comprador. La venta de césped se ve amenazada cuando los edificios multifamiliares aglomeran los suburbios; o cuando los sitios web de líneas aéreas substituyen a las agencias de viajes.

5. La rivalidad entre los competidores existentes: Esta rivalidad adopta muchas formas familiares, incluyendo los descuentos de precios, los nuevos productos, las campañas publicitarias, y las mejoras del servicio. Un alto grado de rivalidad limita la rentabilidad del sector. El grado en el cual la rivalidad reduce las utilidades de un sector depende en primer lugar de la intensidad con la cual las empresas compiten y, en segundo lugar, de la base sobre la cual compiten.

Cada una de estas fuerzas competitivas reacciona según su intensidad dentro de la estructura del sector y este influye en las empresas para que elijan una posición dentro del mismo.

Porter agrega que en el centro del posicionamiento está la ventaja competitiva, que se desarrolla de las dos principales estrategias para la competitividad:

1. Enfoque en costo inferior o Liderazgo general en costos: Está determinado por la capacidad de una empresa para diseñar, fabricar o realizar y hasta comercializar los productos o servicios comparables, más eficientemente que sus competidores a un bajo costo.

2. Enfoque en la diferenciación o Amplia diferenciación: Es la capacidad de brindar al comprador un producto o servicio de valor superior con la ventaja de ser singular en términos de calidad, características físicas y cualidades visuales que lo hacen único y especial.

Kotler & Amstrong (2003) aluden a que se tiene una ventaja competitiva al competir con empresas de la misma industria en la cual se gana la lealtad del cliente o se tiene alguna superioridad obtenida por ofrecer a los consumidores mayor valor al que ofrecen los competidores.

En este sentido, Kotler menciona que la ventaja competitiva de costos bajos se traduce como una disminución de los costos como causa de la adquisición de materias primas de costos bajos, la aportación o donación de material para la empresa o la producción en condiciones de tecnología que permiten la disminución de estos. La ventaja de costos bajos no implica que la calidad sea pésima comparado con los productos elaborados con material de mayor costo. La intención de esta estrategia es vender un producto o un servicio a un precio menor al de la competencia.

Lamb et al. (2011) señala que la ventaja competitiva de diferenciación es adicionar una cualidad que pueda ser atendida por el mercado meta como la única en el mercado. Esta atención por parte del mercado influye de tal manera que el precio del producto se traslada a un segundo plano de importancia. La diferenciación puede ser vista como la inclusión de nuevos usos, tecnologías o herramientas a un producto.

Esta ventaja se debe aplicar a una segmentación de mercado específica atendiendo únicamente a un grupo de personas con características semejantes.

La empresa deberá mantener su ventaja competitiva por el mayor tiempo posible como una de sus estrategias. La ventaja competitiva es, «la ventaja que la competencia no puede copiar» y se renovará cuando la competencia logre copiar la estrategia diferenciadora.

Porter (1990) dice que para obtener una ventaja competitiva se requieren un conjunto de ideas, que no están presentes en muchas empresas. La mayoría de las empresas valoran la estabilidad y no el cambio. Su preocupación constante es proteger las ideas y técnicas viejas, no crear unas nuevas.

En ese sentido, Mintzberg, et al. (1997) destacan a los estrategas que desean diseñar sus organizaciones para que sean eficientes utilizando todos los recursos a su disposición con parámetros bien definidos. Enfatiza la estrategia de diferenciación que se refiere a ofrecer algo que en realidad sea diferente; sustentada en el diseño, esta trata de romper con el diseño dominante, si es que existe, y proporcionar características únicas.

Así, han surgido nuevas estrategias para fortalecer la competitividad de las empresas.

Lawrence (1996) expresa que es asombroso como es que el diseño es todavía desconocido y tan mal entendido entre los empresarios, a pesar de que buscan con extrema necesidad cualquier posible ventaja competitiva.

Filson & Lewis (2000) señalan que las pequeñas y medianas empresas normalmente no acostumbran recurrir al diseño como fuente significativa de negocio, lo cual puede deberse concretamente al desconocimiento de sus ventajas.

Así es que Olson, Slater, & Cooper (2000) aseveran que en el centro de cualquier estrategia competitiva de negocios existen un conjunto de competencias diferenciadoras que son el recurso que sostiene la ventaja de la empresa. Una estrategia valiosa que cada vez es más conocida, pero que todavía es bastante ignorada como recurso para obtener dicha ventaja, es el diseño.

Concepto básico: Para gestionar de manera diferencial en el mercado, se debe reconocer al diseño como recurso importante de negocio y dirigir sus estrategias específicas hacia el sector donde compite.

Las cinco estrategias competitivas genéricas. Adaptado de: Porter, Michael E. *Estrategia competitiva*. New York: Free Press, 1980. 407 pp. p. 153.

Estas 6 conductas de la mercadotecnia corresponden a la Naranja. Úsalas para proyectar el amor de tu compañía y compartir los altos valores de consciencia que apasionan a la gente.
Que los haga enamorarse de lo que memorizan de tu compañía

El hielo de fondo | PARTE 2
Impregnando a la Naranja

Hay esencialmente dos cosas que te harán sabio, los libros que lees y la gente que conoces
JACK CANFIELD
Autor americano y orador motivacional

PHIL KNIGHT
Cofundador y Director Ejecutivo de Nike

Escucha tu voz interior.

«Me gradué de la escuela en 1962, hace más de medio siglo, era una época en que los viajes en avión habían apenas comenzando con la introducción del Boeing 70, no había Silicon Valley per sé, no había máquinas "aperitivos", no había internet, no había teléfonos celulares, no había iPads, el último desarrollo tecnológico fue la televisión a color, no había tal cosa como banca de capital, la empresa número uno en el mundo era General Motors, la mayor firma de Wall Street era la Merrill Lynch Pierce Fenner & Smith, los bancos comerciales no nos permitían contratar actividades de banca de inversión y no había nada de píldoras anticonceptivas para arriba. No hay absolutamente nada en mi viaje que tenga alguna aplicación específica para lo que les espera, de muchas maneras la charla de hoy podría ser llamada "el retorno a los dinosaurios". Por lo tanto, ¿por qué, antes esta, la clase más grande para graduarse, de esta, la mejor escuela de negocios en el planeta, por qué el decano me pidió que estuviera aquí? Y mi respuesta es, que ya lo conozco. Pero supongo que puede haber alguna esperanza, las partes de mi viaje podrían ser relevantes en actitud y filosofía, espero que sí. Pero, ¿por qué yo, una persona a quien no le gusta hablar en público intensamente, opta por aceptar? Está perfectamente claro para mí, la respuesta es, es personal, para mí está alrededor de un círculo ceñido, hay una parte de mí que nació en ustedes. Yo llegué aquí a los 22 años, un poco perdido, para mí un extrovertido, era una persona que ahorró en los zapatos de otras personas. Tímido, inseguro, y seguro de lo que quería hacer con mi vida. Dos años después me fui, mucho mejor educado, todavía era tímido e inseguro, pero ya sabía lo que quería hacer, si tan sólo pudiera ponerlo en práctica. Y eso fue lo que trajo a la vida al plan de negocios, escrito en, sábalo francés, hamburguesas y la clase de emprendimiento. Así que vuelvo 52 años después de mi propia graduación a este lugar, este lugar mágico que se extiende como una parte de mí, volví para decir: Gracias a este lugar de nuevo, por todas las aspiraciones. En el verano entre mi primer y segundo año, había tenido un largo debate existencial conmigo, concluyendo finalmente que antes de ir a trabajar durante cuarenta años, debería tomar un año para dar la vuelta al mundo, en busca de educación, de iluminación, en busca de mí. Y en el largo invierno de mi segundo año, tomé esa clase de espíritu empresarial, cuyo camino me dejó ir al Japón. Así que después de enrolarme en mis dos semanas requeridas, que tienen como límite el Ejército de Estados Unidos, para no ser cubiertas por un extraño, vendiendo mi coche, diciendo sin rodeos a mis honestos padres y mis dos hermanas, que me encerraría con Gary Carter, a quien conocí, donde ambos estábamos viviendo incluyendo a todos. En Septiembre estábamos listos y trotamos por 'El Camino' a la tienda de licores, era la agencia Standar Airways, una aerolínea carguera descontinuada. Por ochenta dólares nos subimos a un 'Cóndor Air A', un puntal de la fuerza, que va desde Moffet Field, ocho horas vía aérea. Podíamos surfear por las mañanas y vender enciclopedias de puerta en puerta por la tarde. Estoy seguro, de que soy el único graduado en la historia de esta escuela, cuyo primer trabajo después de la graduación, fue vender enciclopedias. Después de un mes de esto, yo estaba dispuesto a seguir, pero Gary había conocido a una chica, como el poco demasiado para dejarla. Así que ahora estaba atascado con la decisión, ir a casa, o no ir en absoluto. Me encantó Japón al instante; la gente es amable en muchas partes del pintoresco campo. Y los interminables tres sesenta y poco dólares, tanto así, que muchas cosas eran asequibles como los cuartos de hotel, comidas y un sinfín de zapatos atléticos. Después de una semana, corrí camino a Kobe, que era la sede de beneficios de la sociedad anónima, que fabricaba el calzado deportivo Tiger, que identifiqué como la mejor calidad, el de la mejor oportunidad de conseguir un pedazo del mercado de Estados Unidos. Llamé de un teléfono, para explicar que era un hombre de negocios de Estados Unidos en la ciudad, que tenía el interés de distribuir sus zapatos en los Estados Unidos. Conseguí una cita. Me había puesto mi único traje de negocios, 'Brooks brothers', con camisa azul oxford, corbata negra, deslizado en mis mocasines zarzamora, y tomé un taxi, pero, ubicación equivocada, 'ciencia de buen artista'. Yo había ido a la sala de exposición, ellos, en un minuto fabricaban con facilidad, por completo, desde el otro lado de la ciudad. Así que me presenté con una media hora de retraso, yo estaba listo, nervioso y sudando fuertemente aunque sé que era un día frío. Me encontré en la puerta con un hombre en sus 30's, Ken Miyazaki, llegó a mí con gusto y me condujo atravesando a una sala de conferencias de la parte posterior del edificio. Camino a la sala, pasaríamos a través del departamento de contabilidad, que tenía alrededor de 20 empleados, todos levantados y en combate, sobre el gran hombre de negocios de los EE.UU. que ustedes conocen. Todos mis bienes inundaron mi cuerpo, aquel traje de negocios y mi comprobante de vuelo alrededor del mundo. Eso que me ocurrió, hace que piense que tengo un viejo vivo. La media docena de hombres de negocios japoneses usaban la sala de conferencias, cómo lo hacía, la persona tímida e insegura, haciendo una presentación de ventas, venta como si su vida dependiera de ello, presupuesto sórdido entonces. Para contextualizar, cuando dije que vendía enciclopedias de puerta en puerta en Honolulu, fui un poco impreciso. Dije que hacía labor de venta puerta en puerta, tratando de vender enciclopedias, pero yo en realidad nunca cerré una venta. Después de un comienzo muy incómodo, entramos en detalles sobre lo que se necesitaba para el mercado estadounidense, las conversaciones se calientan y eventualmente se convierten en entusiastas. Ellos habían estado pensando en entrar en el mercado de EE.UU. y tenían varias pistas y modelos de la muestra de campo, construidos sobre los padres de la comida de Estados Unidos, que eran un modelo de uso múltiple, como todo ejercicio de calentamiento. El modelo de salto de altura, podría surgir, y para no discutirte, ellos llamaron: el tiro arriba. Debí ser capaz de ayudarles. Así que terminamos con migo, realizando el pedido de 15 pares de muestras, y después de que me fuera, ya solo y compartiendo un caótico aeropuerto de Osaka, me preguntaba de nuevo, ¿a dónde voy? estaba muy emocionado con el significado de estar dentro de su Compañía. Una parte decía: "esto es exactamente lo que quiero". Aseguré los rayos del sol y conseguí poner en marcha este negocio. Y otra decía: "si no vas a todo el mundo ahora, no vas por cinco décadas". Volé a Hong Kong, que fue algo bueno; las muestras habían sido abundantes, reportando mucho. Cuando las muestras finalmente llegaron, y las mostré en el coche de correos a Bill Bowerman, que estaba muy impresionado, un joven de la negociación, chocamos manos en una asociación 50-50, y cada uno debía aportar quinientos dólares. Compramos trescientos pares de zapatos. Las ventas del primer año fueron ocho mil dólares limitados a 150 de ganancia. En 1964, mi vida se puso a trabajar, una hora al día era el CPA para PriceWaterHouse, mi reserva del ejército requería que ocupara dos martes por la noche al mes y un día domingo entero, además de dos semanas en el verano. Citas con éxito mezclado, y todo lo que era mi verdadero amor, era esa pequeña empresa que Bowerman y yo habíamos empezado. Obteníamos doscientos mil dólares en ventas. Obtuvimos los 500,000; después, un millón. Puedo realizar varias tareas. Como conducir un coche en McDonald's, filetear un pescado en la cubierta y leer un periódico, todo al mismo tiempo. Por un par de años fui bastante eficiente, hasta que terminó el trasero del coche delante de mí. Tomó mucho tiempo para conseguir que las aseguradoras alinearan mi coche, lo repararan y se arreglaran los cortes en mi frente. Así que no lo hago más. En 1972 llegamos a los dos millones de dólares en ventas, con el beneficio neto del tres por ciento, pero no había sido fácil; después de todo, los quinientos dólares por pieza, no proporcionan la cantidad de capital, incluso para dos millones de dólares. Confié en la mayor parte de mi cheque de PriceWaterHouse durante cuatro años, pero con el gasto de cuatro días a la semana en el banco, tratando de convencerlos para darnos un poco más de crédito. Por ahora dejo PriceWaterHouse y voy a tiempo completo. En algún momento del proceso, mi búsqueda de crédito me puso en contacto con Nissho Iwai, los seis japoneses grandes de la empresa comercial, con ventas anuales de $100 millones de dólares. Comenzamos a desarrollar una relación positiva, mientras tanto que toda iba bien, llevaron al pez gordo de 32 años Shoji Khatami. Para cargar y expandir las ventas de exportación; las ventas de exportación eran principalmente nuestras. Así que el jovencito Khatami me propuso la siguiente oferta: vender un 51 por ciento de tu empresa a su valor contable, todo listo para otros distribuidores sin tener en cuenta lo que decía ese pedazo de papel que firmamos. Con el ultimátum de Khatami, no hice al instante el análisis costo-beneficio, lo cual me dejó este dilema: ¿Cómo se dice vete al infierno en japonés? Así que con 34 años de edad, casado, un hijo de 3 años de edad, el ochenta por ciento de mi casa en hipoteca, 45 empleados, la garantía personal de setecientos cincuenta mil dólares de préstamo de la compañía, disfrutar de ser más obsoleta cada día y ningún nuevo producto para vender. Somos un equipo que es decidido, que había sido nada ocho años antes, edificado hacia arriba, para ser reconocido en el mundo de artículos deportivos, y ese equipo, que diseñó los tres zapatos de carrera más vendidos, los Tiger. Tomamos una larga taza de café y el apoyo de los seis grandes japoneses de la empresa comercial. Y esa empresa comercial pudo e hizo introducirnos a cada fábrica de zapatos en Japón, y proporcionar el financiamiento para importar esos productos; pero luego llegó el pequeño asunto de las demandas. Plural, una en los EE.UU. una en Japón. Tengo a mi primo, un perro de la casa de leyes de Stanford 1960, quien llevó nuestro caso, tardó tres años la contingencia. Ganamos los dos casos. Mientras tanto pagamos $35 dólares a un artista gráfico, también netamente vertido en el Colegio del Estado para crear una interpretación al galardón lateral del zapato, la ley ahora lo llama el 'swoosh'. Años después, fue entrevistada por el anunciante de Portland Oregón: "¿cuál es el segundo mayor proyecto en el que estuviste?" ella respondió: "papel pintado de pared en pared en un motel". Leí las 45 sugerencias que presentaron cada empleado para un nombre de marca, Jeff Johnson, graduado en 1963 de Stanford, a la mitad de faceta de su amplio campo de entrenamiento, quien fue nuestro primer empleado, sugirió el nombre de Nike. Pues bien, dije, realmente no me gusta mucho, pero es mejor que los otros 44 y es de esperar que crezca. Ya no estábamos limitados a rastrear un campo de zapatos, así que compramos y lo llevamos a zapatos de lucha, zapatos de tenis, zapatos de baloncesto también, y las ventas crecieron 3,2 millones de dólares, pero tuvimos nuestra primera pérdida en su historia, más otro problema, nos echaron de nuestro banco. Demasiado apalancamiento sin suficiente dinero en efectivo. El estado de Oregón sólo tenía dos grandes bancos y habíamos sido echados fuera los anteriores 12 años, el espectáculo que hicimos por el banco hasta que encontramos uno, la primera cita con un banco en el área de Milwaukee, pequeño, pero lo hicimos trabajar. Para entonces, yo estaba sentado en mi escritorio más relajado que en cualquier momento y en más de una década, en el período entre haber sido cortado por el 'Tiger' al establecer una relación bancaria con el primer Banco del Estado de Milwaukee y Oregón, las ventas, millones, a través de la introducción del zapato para correr de un solo gofre, ostentando los cinco millones de dólares con una rentabilidad sólida, oh sí, pero en la carta de correo de la mañana decía: "Aduanas de Estados Unidos. Anunciamos que es una carta importante…" que resultó ser una puñalada, el adjunto era una factura por los dos últimos derechos de aduana de $25 millones de dólares, exactamente el mismo número de nuestras ventas totales del año. No tenía idea de lo que estaban hablando, así que lo que pudimos encontrar, fue que era una muestra del uso del código aduanero que se remonta a los años treinta, impuestos en tres categorías: tutoría de químicos, almejas hueso de cereza, y calzado deportivo en una parte superior sintética; se pudo evaluar no el costo de fabricación de los productos, sino la venta en toda América según el precio de venta de dichas mercancías, que de hecho, en los productos fueron igualados o similares para parecerse al lenguaje usado en los bienes manufacturados de América. Así que aquí venía esa factura, a pesar del hecho de que habíamos estado pagando la cantidad que nos habían facturado anteriormente, nuestros precios se han basado en eso y desde hace mucho se han vendido. Los 25 millones de dólares estuvieron por encima de eso. Pero las cosas estaban zumbando claro, una cosa era absolutamente segura, de ninguna manera, íbamos a ser capaces de pagar esa cantidad de dinero. Así que fuimos a Washington DC, llegué a lo más alto en la escala política como puedo, y primero contemplé desde el nylon importado, hasta unos zapatos extraños y corrientes, así como las costumbres de cómo resolver lo qué estaríamos haciendo; al mostrar la carta firmada por el director personal adjunto, sentados, era discutible que el 20 por ciento al costo de los factores, no correspondía al doble de ello, y estamos siendo evaluados por el responsivo John P. Simpson, subsecretario adjunto. Bueno, esa carta no se vinculaba a las costumbres de los Estados Unidos, en otras palabras: "te mentimos, metiste la pata, confía en esto". Y poco a poco empezamos a entenderlo. Esta regla oscura, había estado en los libros desde hace casi medio siglo, y ahora Estados Unidos debe fabricar, conversar en otras franjas y juntos presionar al gobierno para pagar el trabajo extra en neto, que te permita importar en general y a nosotros en particular. Tuvieron que hacer algo en tubo de ensayo, un funcionario de aduanas que al parecer nunca ha trabajado en una fábrica de zapatos, o algo similar, por lo que se tientan a vender unos cuantos de esos zapatos para crecer enormemente entre los pantanos; de ahora en adelante, de hecho, su discurso lo aparta de entrada para comenzar un negocio que está casi muerto. Así comenzó la gran lucha, una lucha por nuestra vida. Esta duró tres años, estaba en el fregadero de su negocio y tenía que tener un grupo de cabildeo en Washington DC. La mayoría de las firmas de cabildeo de la calle K, estaban más que dispuestos a tomar nuestro caso por unos cuantos miles de dólares por hora. Contratamos Jay Edwards de Stanford del 68, acababa de abrir una oficina de representación para General Electric de Portland, (...) y ahora, por retención de trescientos dólares al mes, con nosotros. Donde sea, durante, alrededor y a través de. Luchamos como bastardos, nuestra causa era justa, el gobierno se alineó con las fuerzas del mal, y si perdemos, sí perdemos, estamos *kaput*. Pero creo que esa pelea, hizo una gran huella en nuestra cultura, que dejó que hoy nos unamos los fabricantes de calzado americano y luego los demandados. Hicimos un anuncio inflamatorio de televisión que terminó con el slogan, "Si esta pequeña empresa de calzado va a la quiebra, sería un poco mejor que una libertad fundamental muera con nosotros." Ninguna red de televisión de buena reputación o canal lo mostró. Estuvimos en un canal religioso de Nueva Inglaterra, entre las 12 y una de la mañana, generó tres cartas, todas en positivo. Al haber fallado, tomamos un televisor portátil que mostrara el anuncio durante la campaña presidencial en 1976 mostrado en las cafeterías, las loncherías y pizzerías en todo Nuevo Hampshire, y eso logró captar la atención de la clase política, al menos un poco y había un montón de cartas de zapatos en DC, incluyendo un montón mías, tuvimos el apoyo del órgano de la delegación además, de Al Gore y Jim Sasser de Tennessee, donde tuvimos nuestro almacén central, donde estábamos reunidos. Un funcionario del Tesoro dijo: "Le puede decir a su senador Hatfield que al dejar de llamar no está haciendo ningún bien". Salí de su oficina y llamé a la oficina Mark Hatfield para mantener el buen trabajo. Hay un abogado, Rich Wareskulls, de Stanford 68, que vivió durante dos años en Washington DC, él y J. Edwards, solo en el trabajo, afuera, pensado en el movimiento, la oposición, e hicieron un mejor trabajo en este caso, que cualquier abogado de K Street, donde quiera. Tal vez nuestra mejor maniobra se nos ocurrió con esto, somos una fábrica en Exeter New Hampshire, que fabrica quince mil al mes, ¿y si creamos una segunda línea? Nos auto derribamos la venta de las tiendas de descuento a un precio muy bajo, pero es marginalmente rentable. Si sabes qué puedes copiar y lo tienes a la mano, entonces, podríamos copiarnos a nosotros mismos. Cuando estas firmas llegaron en una sesión de lluvia de ideas, todo el mundo gritó: "¡es absurdo!", entonces, nos miramos el uno al otro: "todo esto es absurdo", y ello involucró un: "vamos a intentarlo eventualmente." Así nació el 19, el cual, en poco más de un par de años, vendió un par de miles de pares y redujo el aumento de nuestras obligaciones en dos tercios. Después de tres años de lucha, vendimos la gran batalla de aduanas ASP, por nueve millones de dólares, aproximadamente un tercio de la demanda anterior. Y en esos tres años nuestras ventas crecieron 240 millones de dólares con lo que en realidad podríamos pagar la factura. Un año después de la liquidación, logramos eliminar la ASP en su totalidad del código de aduanas de Estados Unidos, para los productos químicos y las almejas hueso de cereza, así como del calzado con parte superior sintética. ¿Por qué alcanzaríamos la masa crítica para salir a la bolsa, durante los años de la ASP? No podíamos salir a bolsa porque no podemos acumular ganancias con informes que fueron afectados significativamente por la última resolución ASP. Con la resolución de la ASP una oferta pública estaba abierta a nosotros. Y en diciembre de 1980 solo lo hicimos, y desde ese momento, lo único que se interpone en el camino de un verdadero éxito para lograr que nuestros sueños se hagan realidad, ha sido nosotros mismos. Realmente no me gustan las lecciones aprendidas tipo conferencia, aunque ha habido algunas a lo largo del camino y en esta ocasión especial no puedo ayudarme a mí mismo. Me permito no estar haciendo esto de nuevo (…) el objetivo no debe ser la búsqueda de un puesto de trabajo, o incluso una carrera, sino la búsqueda de un llamado, esa búsqueda acaba de comenzar. En este nuevo tiempo aquí probablemente han pasado por 50 o 100 casos de estudio diferentes, en los próximos años, es probable que encuentren miles más, esos casos de estudios no serán sobre la toma de decisiones, ni incluso sobre juicio, serán por la búsqueda de la sabiduría. De vez en cuando en mis viajes, conozco jóvenes prometedores que insisten en que no van a pedir ayuda en el camino, que quieren averiguarlo por ellos mismos. Lo mío es el enfoque opuesto, es bastante difícil ahí afuera, obtén toda la ayuda que puedas, obtener ayuda realmente es sólo una parte de la vida en la búsqueda de la sabiduría (…) capacidad y deseo siempre deben triunfar sobre el dinero y el poder, si no puedes obtener financiamiento no tengas miedo de ir a siete mil millas de casa, el gobierno es parte del negocio, cualquier negocio, existe una cosa llamada gestión de la creatividad, y hay que correr riesgos, deja que salga tu talento enterrado en el suelo, pues donde no hay lucha no puede haber arte. Y por último está este pensamiento: diez años a partir de ahora tu primer amor te estará preguntando si darás el discurso de graduación, a lo que luego será la clase de finanzas en la historia de la escuela, vas a ser un poco desgarrado, serás un multitareas al máximo, con dos niños, tienes que llevar a uno al médico de inmediato, tu esposo tiene más necesidades de lo habitual y tiene un vuelo por la mañana a Europa por diez días. Tu empresa está en el punto crítico de la planificación estratégica y todo el mundo te mira para darles respuesta, además, la empresa tiene una crisis de RP, tienes una aparición en la TV en los próximos cinco días seguidos, y el labrador dorado que has tenido desde hace dos años es casi un indeciso, eso no se ha roto. No habrá tiempo, para entonces lo aceptarás, por el honor, debido a la posibilidad de tener alguna influencia sobre los jóvenes más capaces, los mejor preparados en el planeta. Y tendrás excepciones, aunque es difícil de ver ahora, porque hay una parte de tu mirada que anhelará volver a un lugar y un momento, cuando uno ya no pueda regresar. En la búsqueda de lo que quieras decir, considera, los momentos de la historia de la escuela, incluso puedes mirar hacia atrás a aquel tiempo del pasado profundo, ese momento, que a más de seis décadas, Frank Shallenberger un querido profesor de emprendimiento, dijo unas palabras que significan mucho para mí, esas palabras se convertirían en el mantra de esa clase, sus palabras fueron: "la única vez en que no debes fallar, es la última vez en que lo debas intentar"». (Knight, 2014)

JEFF BESOZ
Fundador y Director Ejecutivo de Amazon.com

Sigue tus pasiones.

«Yo fui un niño muy afortunado, fui inspirado por la invención y la autosuficiencia de un número de diferentes personas y, tú sabes, viendo el programa Apollo como lo hace un niño, por ello creo que cuando los niños tienen inspiración nunca sabes qué podría pasar, tiene mucha importancia. Y todo en nuestra sociedad se pone mejor con el tiempo, realmente lo creo, soy un optimista, ya sabes, el mito de son buenos todos los días, es por lo general sólo un mito, tenemos la mejor medicina que nunca hemos tenido antes, todo, ya sabes, todo eso es invención, es gente averiguando los antibióticos, es gente averiguando nuevos tipos de biomedicina y biotecnología, son cosas que han sido averiguadas por el chico que nos comunica y llevamos dentro, la libertad de expresión que tenemos ahora con el internet, hay tantas cosas que están mejorando mucho. Y mucho está activado por la invención. Creo que muchos niños y muchos adolescentes averiguan todo el tiempo cuáles son sus pasiones, y a veces les dejamos la nuestra. Yo no creo que eso sea duro, lo que sucede, aunque algunas veces, lo que pasa, es que nos dejamos ser el yo intelectual, anulando esas pasiones, y así que eso es de lo que hay que protegerse. Los niños son muy buenos en saber lo que son sus pasiones. Todo el mundo es un regalo si puedes mantener tu sentido infantil de asombro, y te ayuda con la creatividad, eso te ayuda a ser feliz, ya sabes, a reír más y a jugar más, si tienes este sentido infantil de asombro. Creo que Amazon, lo que yo esperaría, el legado de Amazon sería; es la mayor empresa de la tierra, centrada en el cliente, que siempre hemos querido hacer, se eleva el estándar de lo que significa ser centrada en el cliente. A tal grado que otras organizaciones, ya sean otras empresas, o ya sean hospitales o agencias gubernamentales, cualquier organización, deberían mirar a sus objetivos, como un modelo a seguir y decir, ¿cómo podemos estar tan centrada en el cliente como Amazon? Yo esperaría competidores así. Pero si pudiéramos hacer, ya sabes, si esto pudiera ser nuestro legado, que nosotros nos planteamos, la idea general de lo que significa ser centrado en el cliente, eso sería un gran logro, sería el cumplimiento de la misión que es mucho más grande que nosotros mismos. Creo que, si miras las grandes ideas en las que Amazon está realmente centrado, son: pensar a largo plazo, poner al cliente en el centro de nuestro universo, y la invención. Estas son las tres grandes ideas y trabajan bien juntos. Yo no creo que puedas inventar en nombre de los clientes a menos que estés dispuesto a pensar a largo plazo, debido a que una gran cantidad de invención no funciona. Si tú vas a inventar implica que vas a experimentar, y si tú vas a experimentar, significa que estás dispuesto a fallar, y si vas a fallar tienes que pensar a largo plazo. Así pues, estas tres ideas: centrarse en el cliente, el pensamiento a largo plazo y la pasión por la invención, ambos van juntos y son, eso es una especie de cóctel de Amazon. Así es como lo hacemos, y en el camino tenemos un montón de diversión haciéndolo de esa manera. Creo que si eres sencillo y claro sobre la forma en que se va a operar, entonces se puede operar en cualquier camino que elijas, y nosotros, no hemos tomado una posición, de si nuestro camino es el correcto, renunciamos a ese camino como nuestro, pero tú sabes, Warren Buffet tiene un gran dicho a lo largo de estas líneas, que dice: "puedes realizar un ballet y yo puedo tener éxito, puedes realizar un concierto de rock y yo puedo tener éxito; solo espera un ballet y anúncialo como un concierto de rock". Y así, necesitas ser claro con todos sus interesados directos, con tú sabes, estás llevando un ballet o estás llevando un concierto de rock, y la gente lo resuelve aflojándose. Tú sabes, contratamos gente que realmente están motivadas por la construcción de nuevas experiencias de los clientes, les gusta jugar cerca, les gusta la velocidad del cambio, y se despiertan en la ducha motivados por pensar en los clientes. Y de vez en cuando alguien se une a Amazon quien su principal motivación viene de ser un pensador sobre la competencia, nuestros competidores, esas personas limitan a Amazon un poco revertido, ya sabes, de nuevo, no se trata de si está bien o si está mal, es sólo que diferentes personas están motivadas por diferentes cosas». (Bezos, 2013)

LARRY ELLISON
Fundador y Director Ejecutivo de la Corporación Oracle

Gana con amor.

«Creo que tenemos dos conducciones fundamentales en nuestra vida, queremos ser amados; deseas complacer a la gente. Y conocemos un pensar, sabemos una razón. Y estos son a menudo bastante complementarios. Porque el resto cree que ciertas cosas son correctas, ya sabes, tenemos que trabajar, estamos aquí a una cierta distancia, vestidos de cierta manera y si quieres ser amado, quieres ser aceptados por tus compañeros, deseas ser aceptado por tu familia, es una intención ganada y, a veces somos complacientes con nuestros familiares, a veces estamos complaciendo a nuestros compañeros. Pero a menudo, sólo te conformas con alguna moda, escogiendo lo que los demás quieren de nosotros y te conformas con eso porque queremos ser aceptados y amados. Pero existe otra conducción fundamental dentro de nosotros, su trabajo consiste en ofrecer tensión entre los otros dos, que es el pensamiento del cuerpo, la razón del cuerpo; el cuerpo trae conclusiones, lo que funciona y lo que no, lo que es razonable y lo que no es razonable, lo que está bien y lo que está mal. Y cuando la moda y la búsqueda del amor tienen conflicto con la razón, con demasiada frecuencia, la moda gana sobre la búsqueda del amor. En mi caso no lo hizo (…) Piensa cosas de ti mismo, llega a los ajustes, que no sólo se trata de conformarse con las formas convencionales de pensamiento, las formas convencionales de direccionamiento, las formas convencionales de actuar, sino de mucho más que eso. Un montón de cosas se basan en la moda, incluso la moralidad a veces se basa en la moda. Esto fue por un lado. La esclavitud alguna vez no fue considerada, no era inmoral, ya sabes, la gente se sorprende de eso. Los antiguos griegos tenían esclavos. Eso hizo que tuviéramos esclavitud en este país, apenas como hace treinta o cuarenta años, por lo que hay más de eso, realmente tienes que ir atrás a los primeros principios y pensar las cosas por ti mismo, con principios científicos, o principios morales, o ideas de negocio, o ideas de productos, tienes que pensar las cosas de ti mismo. La oportunidad en este país es asombrosa; todo aquel que trabaje duro y sea inteligentemente capaz tiene la oportunidad, tú sabes, de hacer casi cualquier cosa posible. Y no veas el sueño americano, todo aquí es posible, no podemos evitar que los inmigrantes vengan aquí y en una sola generación hagan cosas extraordinarias, este país no es perfecto, pero en comparación con todos los demás países en el mundo, es absolutamente fabuloso y hay oportunidades ilimitadas, esto requiere trabajo duro, requiere muy poco de suerte, pero todavía en América todo es posible». (Ellison, 2013)

Agregando la Granadina en los negocios
El diseño

Ser bueno en los negocios es el tipo de arte más fascinante
ANDY WARHOL
Artista estadounidense del movimiento de arte visual, el arte pop

Como el tercer ingrediente de este clásico combinado, su labor es detonar el impacto con el que materializas la experiencia de tus negocios. Su gestión específica, es facilitar que la sustancia activa comunique actitud como reflejo visual de tu producto, con el fin de ser contundente y tener efecto al momento de la compra y quedar en la mente del consumidor.

Para dotar de efectividad a los negocios, se necesita del diseño y es de suma importancia tener presente su definición.

Zimmermann (1998) afirma que, «la partícula «di» de la palabra diseño procede del griego *dia* que significa dividido, dos veces, que pertenece a; la palabra «seña» procede del latín *signa*, *signum*, y significa señal, marca, insignia, enseña, bandera, esto es, que diseño significa «lo perteneciente a la seña». El latín *designare*, que significa marcar, dibujar, designar; genera el italiano *disegnare* y el término *disegno*». En español, «diseño».

Dondis (1992) dice que al analizar la expresión visual como un recurso de comunicación, se atestigua que es producto de una inteligencia humana altamente compleja, que constituye todo un cuerpo de datos que puede utilizarse para componer y comprender mensajes situados a niveles muy distintos de utilidad, desde la puramente funcional a las más elevadas expresiones artísticas, por tanto el diseño es el proceso de composición de lo verbal y lo visual en una transmisión directa de información, con la posibilidad de que un profesional del diseño aporte innovaciones en numerosos niveles de expresión visual.

Por su parte Wong (1995) declara que un buen diseño fiel y eficazmente conformado en lo estético y funcional, es la mejor expresión visual de la esencia de un objeto, un mensaje o un producto, este debe cubrir las necesidades de un consumidor mediante una unidad de diseño gráfico colocada frente a los ojos del público y transportar un mensaje, para fabricarlo, distribuirlo, usarlo y relacionarlo con su ambiente, mientras refleja o guía el gusto de su época. Si el diseño, además de embellecer la apariencia exterior de las cosas, es un proceso de creación visual, tiene un propósito: Cubrir exigencias prácticas de quien lo usa.

Al respecto Zimmermann (1998) señala que concretamente, el diseño son los criterios objetivos y racionales de configuración de un objeto y su imagen, pues la razón más elemental y la finalidad primera de un objeto de diseño destinado a resolver los problemas del ser humano es: su uso, su utilidad.

De acuerdo con Bonsiepe (1999) la realización plena del diseño requiere de una interfase, el espacio que articula la interacción entre un usuario, una tarea y un utensilio, en otras palabras, que es necesario un campo de acción donde se proyecte la constitución entre el cuerpo humano, el objeto de una acción y un artefacto o información en el ámbito de la acción comunicativa, para transformarlos hasta formar una unidad o un utensilio de connotación, no solo formal y estético, sino legítimo. Ahí dentro, en el espacio de acción humana, es donde se encuentra el dominio irrenunciable del diseño y hacia donde se orienta el interés del diseñador.

Donde advierte de no caer en la generalización infundada de «todo es diseño» ya que tampoco todos son diseñadores, pues la expresión se refiere a un potencial. Aunque afirma que por manifestarse en el descubrimiento, todos tienen acceso a él y todos pueden llegar a ser diseñadores en el campo de su disciplina si el ámbito en el que se desarrolle su actividad proyectual está perfectamente definido.

Es así que un empresario, o un director, cuando organiza su empresa en una forma nueva, realiza diseño; un ingeniero que concibe un procedimiento, o desarrolla una nueva característica, está haciendo diseño. Donde el proyecto es una actividad básica para todas las actividades humanas y profesiones, y sus contenidos no se limitan a productos materiales.

En este contexto, define al diseño como un especial modo de accionar innovador y enfocado en una preocupación, a cargo de las necesidades de los usuarios.

Y alude a una reinterpretación del diseño de siete características prescindiendo del marco del buen diseño:

1. Es un dominio que se puede manifestar en todos los campos de la actividad humana.

2. Está orientado hacia el futuro.

3. Hace referencia a la innovación. El acto proyectual trae al mundo algo nuevo.

4. Está referido al cuerpo y al espacio, sobre todo al espacio visual.

5. Apunta a la acción eficaz.

6. Lingüísticamente está anclado en el ámbito de los juicios.

7. Se dirige hacia la interacción entre el usuario y el artefacto. El dominio del diseño es el dominio de la interfase.

Para ampliar el concepto, Chaves (2001) fundamenta que de la evolución de las artes visuales y su aplicación en la industria, el diseño de las primeras décadas del siglo XX aparece como una gran fuerza transformadora que no se limitaba a los aspectos estrictamente productivos, técnicos o estéticos, el diseño nace cargado con una voluntad de transformación social. Ahora, el diseño ha mostrado una enorme participación como elemento necesario entre la sociedad y las empresas, ha tenido presencia en mercados cada vez más competitivos, el consumidor exige el diseño, no solo como un valor agregado a un producto, sino como un producto.

En este sentido Chaves resalta que es importante rescatar lo universal de tres de las manifestaciones sucedidas en el discurso del diseño:

El discurso del mercado: en el que se constituyen los agentes empresariales y corporativos vinculados con el desarrollo de los mercados, en los que es imprescindible ocuparse de las necesidades del consumidor; de la gestión empresarial, del marketing y de la competitividad del diseño. Ahí se precisa que la estrategia de negocios que el diseño ha adoptado haga mejorar sus productos en función de sus innovaciones dirigidas a satisfacer el consumo.

El discurso de los fundadores del diseño: en el que se constituye una ideología de agentes sociales en los cuáles, ocuparse de las relaciones del usuario, de los fenómenos sociales, de la gramática visual y las vanguardias culturales, es una obligación. Ahí se define que el propósito del diseño optimice las funciones de comunicación y su utilidad en el desarrollo racional de cualquier proyecto, para satisfacer las necesidades de uso.

El discurso pos-vanguardista, no es tan distinto al primero, solo que ahora es una ideología que rescata los altos valores de las élites culturales de la disciplina y los pone en marcha junto con los valores de las demandas irrenunciables del mercado.

Basado en el trabajo de los diseñadores Tibor Kalman y Oliviero Toscani en la revista Colors de Benetton, O'Reilly (2002) resume que el diseño logra un objeto visual que contiene una narrativa mediante imágenes, no solo para comunicar mensajes, mostrar ideas y vender productos, sino para que sean útiles al conseguir que la gente piense en imágenes y sobre ellas.

En palabras de Joan Costa «el diseño sirve para hacer el mundo más inteligible, para mejorar la vida de las personas y para hacer más comprensible nuestro entorno, entre otras cosas. En última instancia, el diseño es una poderosa herramienta de comunicación».

Concepto básico: El proceso de diseño formula el comienzo del proyecto, las diferentes etapas de su desarrollo y el análisis de sus resultados. Lleva un amplio control de planificación, ejecución y revisión. Todos aspectos de creación.

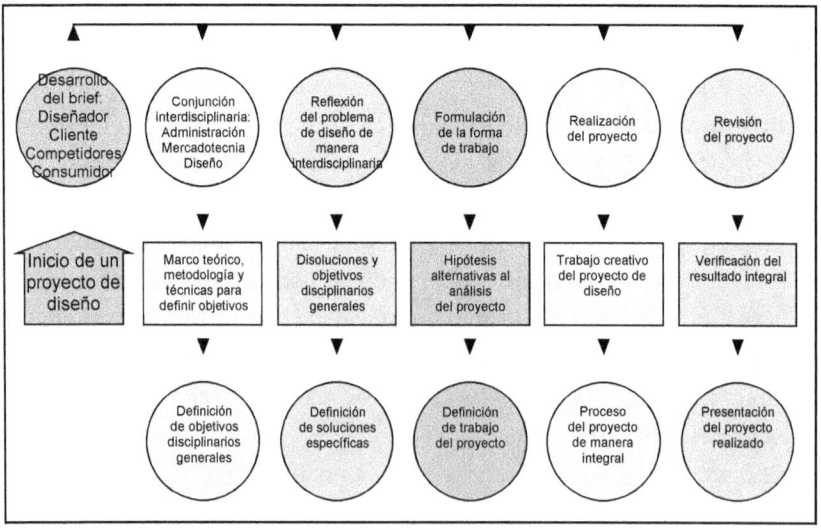

El proceso de diseño. Adaptado de: Rodríguez Morales, Luis. *Para una teoría del diseño*. México: Tilde-UAM Azcapotzalco, 1989. 125 pp. p. 42.

Fundamentos del diseño y producto

El diseño es un lenguaje y lo principal es como usas ese lenguaje
TIBOR KALMAN
Diseñador gráfico húngaro

Hauser (1978) menciona que desde sus orígenes el ser humano ha anhelado expresar su naturaleza y comprensión del mundo. En el Neolítico, entre el 7000 y el 4000 a.C. por todas partes el arte rupestre por primera vez producía imágenes geométricamente estilizadas, signos ideográficos, esquemáticos y convencionales que indican más que reproducen el objeto.

De acuerdo a Gombrich (1999) para el IV milenio a.C. nace la escritura cuneiforme en Sumeria, y para el 2600 a.C. desarrolla heráldica precisa y simétrica. Y desde el III milenio a.C. entre el 2750 y el 1900 a.C. la pintura mural egipcia y su escritura jeroglífica resaltaba en retablos narrativo-descriptivos, donde no era más importante la belleza, sino la perfección.

Satué (1988) ilustra que en los últimos 2500 años diversas tecnologías han sido utilizadas para expresar y comunicar a través de imágenes, al mismo tiempo el sentido que recobran las imágenes se ha enriquecido en base a constantes procesos que formulan la plataforma teórica y prácticas fundamentales edificadoras del diseño gráfico.

• En Roma de 27 a.C. a 330 d.C. producen imágenes simbólico-informativas y utilizan los íconos como marcas distintivas.

• En la Edad Media las imágenes producen culto en sí mismas y se da admiración a las artes visuales de la elite aristocrática.

• En el alta Edad Media del siglo XV se utilizaba el xilógrafo, un grabador mecánico que labra sus planchas en madera para panfletos de pocas hojas.

• En el Renacimiento las imágenes se consideran fetiches o ideas sagradas, informan con el uso de los naipes y biblias a la clase baja, se logra la correcta construcción de tipos de la arquitectura gráfica y la xilografía plasma la primera impresión en serie.

• De 1440 a 1500 se desarrollan los primeros libros tipográficos impresos, el Misal de Constanza y la Biblia de 42 líneas, con tipos móviles en metal de Johan Gutenberg.

- Hacia finales del siglo XVIII en Inglaterra se gesta el diseño como lo conocemos actualmente con la Revolución Industrial.
- En 1785 el diario The Times es la cabecera gráfica de primera época y la American Type Founders Company en Nueva York está en el auge de sus inicios.
- En 1796 Alois Senefelder inventa en Munich el litógrafo, grabador mecánico que labra sus planchas en piedra, la litografía significaba un procedimiento con la aplicación de color.
- En el siglo XIX en Londres y Paris se desarrolla el diseño de gráficos comerciales. A finales del siglo, en Gran Bretaña, se hizo un esfuerzo por dividir las Bellas Artes y las Artes Aplicadas.
- En 1884 se desarrolla la linotipia con Ottmar Mergenthaler.
- En 1866 principia el uso de la publicidad, Estados Unidos la utiliza con naturalidad y mimetismo, la impulsan las compañías industriales Coca Cola en 1886, Pepsi en 1898, Mercedes Benz y Ford en 1900, Pirelli en 1908, Michelin en 1910 y Camel para 1914.
- A partir de 1912 el diseño de gráficos sirve al comercio y la industria, década en que comienza el cartel político de guerra y la publicidad continúa.
- Desde 1918 inicia la construcción del diseño gráfico con la fuerza de la Bauhaus, en 1928 la publicidad pierde fuerza y es hasta 1932 cuando el diseño se instaura como profesión.
- Para 1974 el diseño gráfico extiende su madurez y desarrolla su identidad en Estados Unidos y Latinoamérica.

Del resultado evolutivo de las artes visuales deviene un uso racional de sus elementos de comunicación. Entonces el diseño comienza a producir en serie y a tener una utilidad social. Esta trayectoria como ideologías han formado las vanguardias artísticas que sustentan al diseño gráfico, forjado como disciplina que funciona en la industria, la ciencia, el consumismo y en los enfoques globales.

Kunst (1995) dilucida que a principios del siglo XX se utilizaba al diseño gráfico para educar a la clase trabajadora, al mismo tiempo, la tradición, la maestría y la libertad existentes dieron la oportunidad para desarrollar un estilo de diseño gráfico caracterizado por su individualismo. Ahora la simple aceptación de modas vigentes devasta la creatividad; el hombre como diseñador debe comenzar a pensar seriamente sobre su oficio desde que comienza sus estudios, la reflexión es parte de su actividad. Quien diseña requiere no solo de talento para graficar sino de la capacidad de análisis, de reflexión, de investigación e ideología para dotar a la imagen y su contexto de un sentido propio, debe saber someter sus intenciones al intelecto para asegurar razonablemente la viabilidad de su proyecto.

Grefé (1997) precisa para el Instituto Americano de Artes Gráficas [AIGA] que como líder en la provisión sobre el conocimiento del intercambio de ideas e información, en su publicación «La Cultura del Diseño», una antología de escritos de diseño gráfico del diario AIGA, dedicado a los avances de excelencia sobre el diseño gráfico, en su artículo: ¿es importante el diseño? define a éste como una disciplina, una profesión y una fuerza cultural. Asimismo como organismo que fomenta la crítica, el análisis y la investigación sobre los avances educativos del diseño y su práctica ética, brinda los fundamentos esenciales que deben considerarse para proyectar en el medio profesional del diseño gráfico.

Joan Costa, mencionado por Guyot en La Nación (2008) afirma que aunque la función del diseño es resolver problemas de comunicación, su reduccionismo a únicamente embellecer las cosas le hace perder parte de su fuerza comunicativa, sin embargo el componente estético siempre forma parte de su mensaje. «Un diseñador lo que hace es comunicarse, creando un mensaje para los ojos y para la mente. Un mensaje que debe tener fundamentalmente en cuenta al destinatario… El diseño debe abrirse paso para la cultura, la educación, para el civismo. Porque al diseño actual le sobra tecnología y le falta metodología y filosofía».

Es por ello que de acuerdo con Gunnar Swanson (en Grefé, 1997) dentro de la disciplina es una obligación reflexionar sobre nuestra educación y aproximarse a otras disciplinas que integran áreas tradicionales de conocimiento, que de igual forma se utilizan en la realización de un proyecto de diseño, pretendiendo al diseño como un área de estudio donde la manufactura conozca de filosofía y así tenga desarrollo en el actual medio profesional, pues la práctica del diseño está ligada a los negocios e interactúa en éstos firmemente. Por otro lado, el interés en los negocios de diseño también tiene su tradición en la educación. Sin tal balance de fuerzas el diseño y los negocios de diseño están en problemas.

Al respecto Frías (2004) concluye que de esta manera queda claro que las etapas en las que el diseño ha participado y ha impactado en el desarrollo de la humanidad son constantes, en el plano tecnológico la revolución industrial es una de ellas, en el académico la Bauhaus; esta escuela alemana motivó y educó a su alumnado hacia la creación de una obra para ser producida en serie y tener una utilidad social, tesis válida y vigente hasta nuestros días.

Por su trayectoria intelectual, sus vanguardias en la historia y su rol en los negocios, el diseño es una disciplina que se coloca en la cúspide de la educación y el desarrollo profesional.

Concepto básico: El profesionalismo en el diseño es indispensable, implica entender los requerimientos en todo el proceso de diseño para el éxito en los negocios.

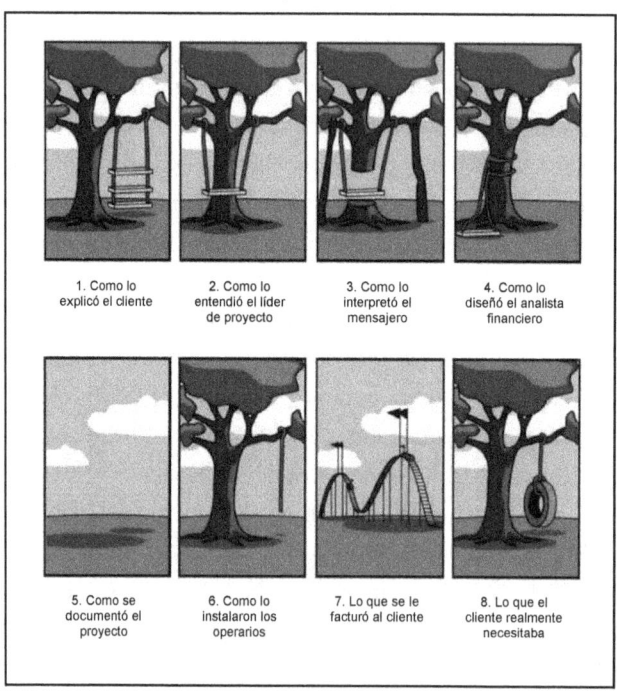

"Cómo no diseñar un columpio". Adaptado de: University of London. *Reconocimiento al autor desconocido.* Boletín, Marzo 1973, n°. 53. http://i0.kym-cdn.com/photos/images/newsfeed/000/475/752/25a.jpg Y de: Mike Smith. *a! Diseño.* 12, (67). p. 57. And: https://www.webdesign.tm/

La intención de la filosofía del diseño

El diseño es la inteligencia que identifica las cosas
OSCAR MARINÉ
Diseñador, ilustrador, tipógrafo y artista español

De acuerdo a Satué (1988) los movimientos artísticos de finales del siglo XIX y principios del siglo XX y la agitación política que los acompañaba, generaron cambios dramáticos en el diseño gráfico. El Cubismo (1908), Futurismo (1909), Suprematismo (1915), Constructivismo (1915), Dada (1916), que dio paso al Surrealismo (1920), De Stijl (1917), Art Nouveau (1890), que evolucionó hacia el Art déco (1920) y el Bauhaus (1919), crearon una nueva visión que influyó en todas las ramas de las artes visuales y el diseño. Todos estos movimientos se oponían a las artes decorativas y populares, aparecieron con un espíritu revisionista y transgresor en todas las actividades artísticas de la época. En este período se concentrarían los antecedentes de una ruptura formal y conceptual, mediante los que artistas y educadores mostraron sus opiniones que incidieron plenamente en la construcción germinal de un diseño gráfico más técnico y disciplinar.

Kunst (1995) agrega que del pensamiento revolucionario y la propuesta técnica de los grandes filósofos de la Bauhaus, el diseño adquirió un carácter multidisciplinario que propuso los cimientos formativos de su práctica, su aplicación y su propósito.

Los grandes maestros del diseño del siglo XX, no sólo fueron capaces de expresarse en su oficio sino que usaron la palabra para aclarar ideas, formular premisas y generar los textos básicos de lo que algún día podría llegar a ser una filosofía del diseño. Las obras de estos diseñadores estaban respaldadas por una sólida plataforma intelectual, desde donde podían despegar con facilidad hacia ámbitos todavía no vislumbrados por sus contemporáneos.

(Droste, 1991) y (Wingler, 1975) coinciden en que la filosofía del diseño nace en la escuela alemana de diseño y artes gráficas Bauhaus que funcionó de 1919 a 1933, se inicia al fusionar dos escuelas existentes en la ciudad de Weimar. Se puso en marcha en Weimar de 1919 a 1925, en Dessau de 1925 a 1932 y en Berlín de 1932 a 1933. La dirigieron Gropius, H. Meyer y L. Mies van der Rohe.

Como el centro cultural y núcleo pedagógico de artes visuales más importante del siglo XX vinculó las artes visuales racionales entre sí a converger expresivamente en la arquitectura integral y el diseño de equipamento.

Por su parte (Droste, 1991) (Lupton & Abott, 1994) y (Satué, 1988) ilustran algunos de los importantes sucesos del desarrollo del diseño y concuerdan que en 1919 Walter Gropius arquitecto fundador de la Bauhaus, profetizaba que la construcción unificada de las Artes Visuales es el objetivo final. El primero en definir el término diseño gráfico fue el diseñador y tipógrafo William Addison Dwiggins en 1922. Johannes Itten primer profesor del Curso Básico en la Bauhaus, Paul Klee autor del «Libro de Apuntes Pedagógico» y Wassily Kandinsky autor de «Punto y línea sobre el plano» en 1923 buscaban el origen del lenguaje visual en geometrías básicas, colores puros y en la abstracción, con una correspondencia universal entre sí con experiencias no gráficas, constituyendo un análisis de formas, colores y materiales. Para ellos servían como una escritura con la que podría analizarse y representarse la prehistoria visible resaltando las formas geométricas, el espacio reticulado y el uso racionalista de la tipografía. Su trazado se percibe como una *Gestalt* que Giorgy Kepes y Laszlo Moholy-Nagy utilizaron posteriormente para aportar una racionalidad científica al lenguaje de la visión. Herbert Bayer, que dirigió desde 1925 hasta 1928 el taller de tipografía y publicidad en la Bauhaus, creó las condiciones de una nueva profesión: el diseñador gráfico. Él puso la asignatura de «Publicidad» en el programa de enseñanza incluyendo, entre otras cosas, el Análisis de los medios de publicidad y la Psicología de la publicidad. Jan Tschichold plasmó los principios de la tipografía moderna en su libro de 1928, New Typography. La forma visual se consideró como una escritura universal que hablaba directamente con la mecánica del ojo al cerebro. Es así como Tschichold, Bayer, Moholy-Nagy y Lisitski se convirtieron en los padres del diseño gráfico como lo conocemos hoy día. Al asimilar sus métodos en la educación moderna del diseño, la Bauhaus se convirtió en un punto de origen que sirve de introducción a la gramática de la escritura visual en que el gráfico es un modelo de expresión pictórica.

Satué (1988) menciona que a mediados de la década de los años 1950 en el Reino Unido, surgía el Art Pop o Arte Popular que detonó a finales esa década en Estados Unidos, aspiraba a ser el testimonio de la época con

Jasper Johns, Andy Warhol, C. Oldenburg, George Seagal, Peter Blake y Roy Lichtenstein. Se inspirara en la vida de la ciudad, tomando los productos masivos de la cultura como elementos de expresión figurativa y emplea objetos de uso diario de la sociedad consumista: botellas de soda, latas de cerveza, neveras, autos, comics, personajes del cine y la música, etc., utiliza procedimientos dadaístas (en ready mades), hiperrealistas (en fidelidad fotográfica) y cubistas (con collages). Predomina el colorido brillante, con tintes fluorescentes y acrílicos de colores vivos.

Satué, complementa que la Hochschule für Gestaltung (HfG) de Ulm fue otra institución clave en el desarrollo del diseño gráfico. Desde su fundación, se distanció de la publicidad. Su departamento se denominó Diseño Visual, para resolver problemas de diseño de la comunicación de masas no persuasiva, como el de los sistemas de signos de tráfico, planos de aparatos técnicos, o la traducción visual de un contenido científico. En el año académico 1956-57 el nombre se cambió por el de Comunicación Visual, según el modelo del Departamento de Comunicación Visual de la New Bauhaus en Chicago.

Mientras que en 1962 la definición oficial de la profesión se orientaba casi exclusivamente a las actividades publicitarias, ahora se extendía hasta incluir áreas ubicadas bajo la rúbrica de la comunicación visual.

O'Reilly (2002) argumenta que dentro de la disciplina, un ejemplo que habla de cuál es el lugar que ocupa el diseño gráfico en la sociedad y cuál es su filosofía, es el manifiesto «Lo primero es lo primero», *The first things first*, que es una obra que parecía cuestionar las premisas básicas del diseño gráfico presentado en el Instituto de Artes Contemporáneas de Londres (ICA) en 1964 por su autor el diseñador Ken Garland y redactado en el momento álgido de una reunión de la Sociedad de Artistas Industriales de Londres. En él firman diseñadores gráficos, fotógrafos y estudiantes que están en desacuerdo contra los que explotan la profesión para vender. El manifiesto declara que no se opone a la publicidad de consumo en sí, pero que desea inclinar la balanza de los trabajos que realizan los diseñadores hacia proyectos con intenciones más sociales.

Satué (1988) menciona que otro notable diseñador es Milton Glaser, que diseñó la inconfundible campaña I Love NY en 1973 con gran éxito. Glaser tomó elementos de la cultura popular de los sesenta y setenta.

Licko (2002) como una de las primeras diseñadoras en explotar el potencial de las Apple Macintosh inspiró fuertemente al diseño gráfico en los avances tecnológicos en impresión y fotografía cuando desde 1980 comenzó a crear tipografías mediante impresoras de puntos, hacía composiciones de diseño tipográfico y fotografía, y para 1984 Zuzana Licko junto con su esposo Rudy VanderLans fundaron la pionera revista *Emigre* que se convirtió en la biblia del diseño digital y aprovecharon el desarrollo de Adobe y Microsoft para incorporar características tipográficas de avanzada, extendiendo la cultura del diseño a la tecnología y el diseño editorial.

O'Reilly (2002) agrega que poco más de tres décadas después, el manifiesto: «Lo primero es lo primero 2000», *The first things first 2000*, es una actualización tan independiente como el manifiesto original y defiende las mismas premisas. Lo firmaron 33 personas y se publicó en *Adbusters, Émigré* y el diario AIGA en Estados Unidos, en las revistas *Eye* y *Blueprint* en el Reino Unido y en *Items* en Holanda, *I.D.* y *Communication Arts* en Estados Unidos, *Form* en Alemania e *Idea* en Japón. A diferencia del manifiesto original, este último no tuvo línea directa con el gobierno del Reino Unido, ni defiende ningún estilo concreto de diseño, lo que destaca la naturaleza del trabajo que realizan los diseñadores gráficos que ha cambiado desde el manifiesto original a la fecha. Ahora, la disciplina se ha internacionalizado, sin embargo, no ha perdido su esencia creativa que sigue destacando por proyectar sus principios básicos al servicio de la sociedad.

Concepto básico: Una compañía, su marca y sus productos están posicionados en gran medida por la capacidad de comunicación del color y sus combinaciones, que a través de su expresión visual tiene efectos en la mente. Cualidades: positivas (+) y negativas (-).

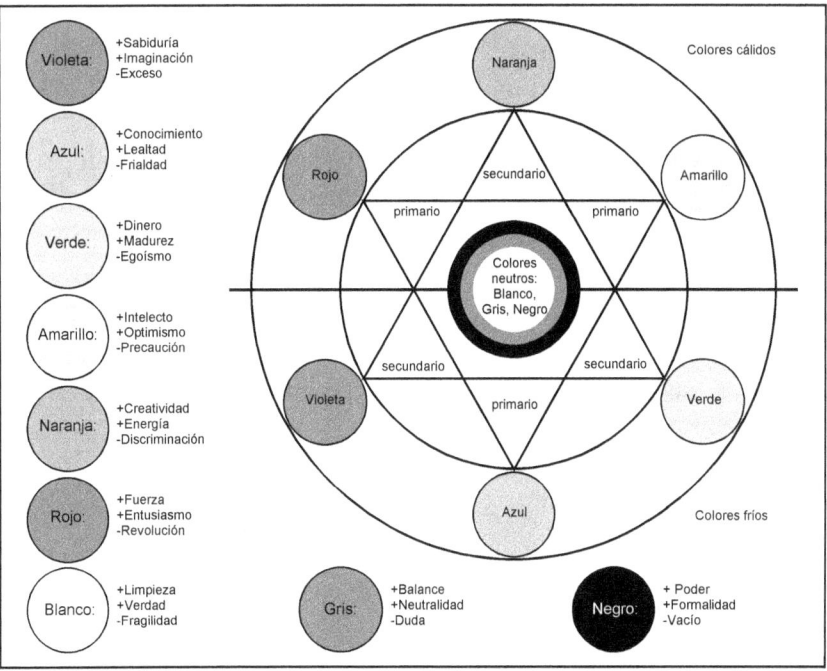

El círculo cromático básico y la psicología del color en el producto. Adaptado de: Pérez Iragorri, Antonio. *a! Diseño*, año 15, n°. 83, p. 59 (20-03-2007), Bimestral, México. 2007. (Representación en escala de grises).

La gestión del diseño estratégico

El producto es el mismo, la diferencia reside en la comunicación
OLIVIERO TOSCANI
Fotógrafo italiano y diseñador de campañas publicitarias

Chaves (2001) comenta que en las últimas décadas, una gran porción de los trabajos de diseño gráfico en el medio profesional, se han producido dentro de un entorno de alto consumo de productos y al mismo tiempo de la poca reflexión de las imágenes que los representan, estas representaciones y formas de diseño hacen que la práctica del diseño se distorsione y la consciencia profesional reduce estas transformaciones a meros cambios de lenguajes, a modas o a la evolución natural del gusto.

Según O'Reilly (2002) hasta ahora, al empezar el siglo XXI, nunca había estado tan claro que la gestión real del diseño gráfico y lo que se realiza fuera tan ambigua, en la era de Internet, de las páginas web y de la tecnología de diseño barata, parece que todo el mundo puede, al menos, jugar a ser diseñador. Si todo el mundo puede ser diseñador, el estatus de la profesión y su desarrollo obviamente se ven reducidos.

El diseño nunca había sido tan básico para la economía desde principio de los años 80. Actualmente el diseño puede determinar un éxito o un fracaso comercial, sea para una pequeña empresa o una firma de alcance internacional.

Por otro lado, la formación académica del diseñador, que se da resaltando imprecisamente la función del diseño es algo que queda grabado en la mente de la mayoría de ellos. La falta de entendimiento hacia la disciplina hace que la definición de sí mismos quede limitada a la de ser «creativo», sin embargo este imperativo existencial debe hacer frente, día a día, a las demandas del cliente y a los procesos del diseño. Cabe destacar que ésta actividad es lo que convierte al diseño gráfico en la forma más emocionante de trabajo en la actualidad porque es una disciplina en la que se encuentran cara a cara diseño y negocio, se convierte en un hito que marca en qué punto se encuentra una sociedad.

La mayoría de los diseñadores negocian en su interior el contrato que firman entre diseño y dinero. De cara al exterior, se limitan a buscar un punto cerca de un extremo u otro. Algunos aceptan trabajos bien pagados pero tediosos para poder trabajar en otros peor pagados pero más gratificantes, o utilizan el dinero para sus propios proyectos, ésta última según el autor y diseñador Rick Poynor, es la táctica «Robin Hood».

Al respecto Wong (1995) agrega que en sus cimientos, el diseño como lenguaje visual es práctico, lo que hace que el diseñador sea práctico, pero antes de enfrentarse con problemas prácticos en el medio profesional, debe dominar el lenguaje visual. Este es la base de la creación del diseño, que además de contener aspectos funcionales, se conduce por principios, reglas y conceptos de organización visual, que son importantes para el diseñador y su desarrollo; pero trabajar sin un conocimiento consciente de estos, el resultado final de un proyecto podría reflejar las relaciones visuales de un gusto personal.

En ese sentido, O'Reilly (2002) argumenta que teniendo como tarea producir con calidad, en la realidad profesional, el diseño gráfico es el que gobierna en nuestro imperio moderno de imágenes. Por eso, la idea de que el diseñador gráfico es un simple técnico que proporciona un servicio, refleja una forma de pensar inconsciente que no se esperaría de los diseñadores.

El diseño gráfico es la disciplina que proporciona las imágenes y cualidades a una cultura de consumo sedienta de diseño. También, el diseño de producto aviva el deseo y el consumo, lo que hace que el diseño esté en todas partes, y es el simple hecho de la omnipresencia del diseño, lo que empuja a los diseñadores, a reconocer que su trabajo comporta un impacto comercial y social.

Desde los años 60, el diseño gráfico define y da forma, ya sea a un espacio público, comercial, corporativo o mediático. La naturaleza del trabajo que realiza el diseño gráfico ha cambiado durante las últimas 4 décadas transcurridas, como al negocio al que sirve, se ha internacionalizado, ha tomado todos los espacios, desde el mundo virtual abordando la frontera de internet, hasta el material apareciendo múltiples revistas de diseño; pasando por todos los demás.

Pues contrario a lo que se piensa, según Frías (2004) el diseño cumple la función de planear y crear productos y servicios que permitan obtener un mayor nivel de vida.

Directo de la gestión de la compañía Design Bureau, González (2004) puntualiza que «Aunque una empresa puede empezar como una oficina informal, esta puede adquirir un carácter formal y es importante precisar a la empresa con una estructura corporativa. Esta parte es indispensable para el funcionamiento de un despacho, porque generalmente los diseñadores somos desordenados en los aspectos administrativos y financieros. Esto repercute en el funcionamiento del despacho y en la manera que nos perciben los clientes; si no se trasmite la idea de orden y organización a los clientes, es difícil ganar cuentas importantes (...) el crecimiento del despacho va de la mano de los clientes y trabajar para clientes multinacionales exige tener diseñadores de calidad (...) Pero para ser visto y percibido correctamente por los clientes, no basta con ser un profesional del diseño, es importante dar la apariencia de serlo. Es indispensable que los clientes dejen de vernos como los que hacemos dibujitos». Lo que nos dice que es importante gestionar con una organización empresarial.

Lo que demuestra que hay que gestionar con un gran sentido de la administración, mercadotecnia y diseño.

Los despachos afiliados a «Marca la Diferencia» importante grupo de negocios de diseño de Ciudad de México, subrayan a nombre de Richard Kirwin (2004) «Necesitamos del sentido de los negocios para establecer nuevas reglas, de tal manera que cuando el diseño funcione lo haga dentro del contexto de los negocios y también necesitamos del mejor diseño; aquel que se adapta a la comunicación de la compañía, para que sea verdaderamente un proyecto exitoso. Muchas empresas en el mundo no consideran en el diseño la visión del consumidor final, solo ven el diseño del producto; no consideran la idea completa».

De tal manera que es necesario hacer consciente el valor estratégico del diseño en los negocios.

Para Muñoz (2007) directora de la empresa de diseño X Design, se deben utilizar estrategias para llegar a grandes clientes. «Sé que habemos excelentes diseñadores en México y el nivel del diseño lo marca la comunicación con el cliente y el grado de atrevimiento en la innovación».

Isabel Mariño, Presidenta de la Sociedad Estatal para el Desarrollo del Diseño y la Innovación (DDI) y Directora General de Política de la Pequeña y Mediana Empresa en España, mencionada en Isern (2003) comenta que «para modificar la visión equivocada del diseño en los negocios, que lejos de favorecer a las propias empresas, limita sus oportunidades de negocio, la administración desarrolla una serie de actuaciones y programas con el fin de favorecer y apoyar la incorporación del diseño a las estrategias de las empresas y en especial, a las de menor tamaño».

Para Telford (2001) los importantes cambios causados en el ámbito empresarial por los Tratados del Libre Comercio principalmente en América del norte cuya actividad comercial hacia Estados Unidos han crecido potencialmente en los últimos años, ha generado una mayor competencia que ha obligado a muchos pequeños empresarios a buscar ayuda de expertos profesionales en diseño y mercadotecnia que contribuyan a aumentar su nivel de competitividad, dejando de ver el empleo de estos servicios como un gasto y apreciándolos como una inversión.

Bruce & Bessant (2002) mencionados por (Guijosa & Frías, 2006) aluden a que la relación entre la mercadotecnia y el diseño se da a través de la simbiosis que se establece entre el diseñador y lo que se denomina «mix de marketing» o «mezcla de mercadotecnia», optimizando las labores de los diseñadores y mercadólogos.

El proceso de dirección de mercadotecnia «marketing management», incluye:

a)   El análisis de la situación y el diseño de estrategias para alcanzar los objetivos de la organización.

b)   La puesta en práctica de dichas estrategias y el control de los resultados.

En otras palabras, la administración de mercadotecnia organiza y dirige los recursos económicos con el fin de que las ventas excedan a los costos y suministren la máxima ganancia.

Kotler & Amstrong (2003) han señalado que en su disciplina existen cuatro elementos fundamentales que mezclados pueden optimizar las actividades de negocios de las empresas, estas son las 4 P's de la mercadotecnia:

a)   El producto: es el objeto de diseño que se preciará por su comunicación.

b)   El precio: es la compensación de sus atributos y su significado.

c)   La promoción: es la estrategia enfocada directamente en el consumidor.

d)   La plaza: es el lugar y la atmósfera más propicios para su distribución y venta.

La interacción de las cuatro 4 P's con el diseño y la administración es muy estrecha y se puede dar en diferentes grados en las diversas etapas de la mezcla de mercadotecnia:

a)   Desde la generación de la idea para un nuevo producto en las actividades de diseño.

b)   En la factibilidad de marketing para realizarlo y la investigación de mercado.

c)   En el análisis FODA interno y externo desde el estudio del producto y al de la competencia.

d)   En la planeación estratégica y la promoción del producto en base a sus atributos.

En efecto, las mejoras al proceso de administración del diseño derivan en una relación de negocios en la cual las empresas actúan con la seguridad de tener un correcto conocimiento del diseño hacia los ambientes que según Hil & Jones (2005) son los siguientes:

a)   El interno: Desarrolla todos los procesos operativos que interactúan dentro de la organización. En ellos se demanda una mejor solución a las exigencias de diseño.

b)   El externo: Desarrolla todos los procesos competitivos que generan la interacción con el medio profesional. Donde se establece mayor participación a las demandas del mercado.

Proyectando con ello la implantación de la estrategia de diseño.

Con ello y para una mejor apreciación del diseño estratégico en tu empresa, gestionar el diseño requiere desarrollar una gran plataforma intelectual, un importante conocimiento del mercado y amplias habilidades directivas para participar eficazmente en los negocios con estrategia, cualidad que no solo se aplica en abordar al cliente, ingresar al mercado o diseñar un producto sino también para convertir al diseño en un permanente satisfactor del consumidor.

Concepto básico: Una compañía está posicionada para tener éxito si tiene a su disposición una dotación de recursos competitivamente valiosos que los precipite positivamente a su ambiente de movilidad (la industria) y su sector de competitividad (su entidad comercial).

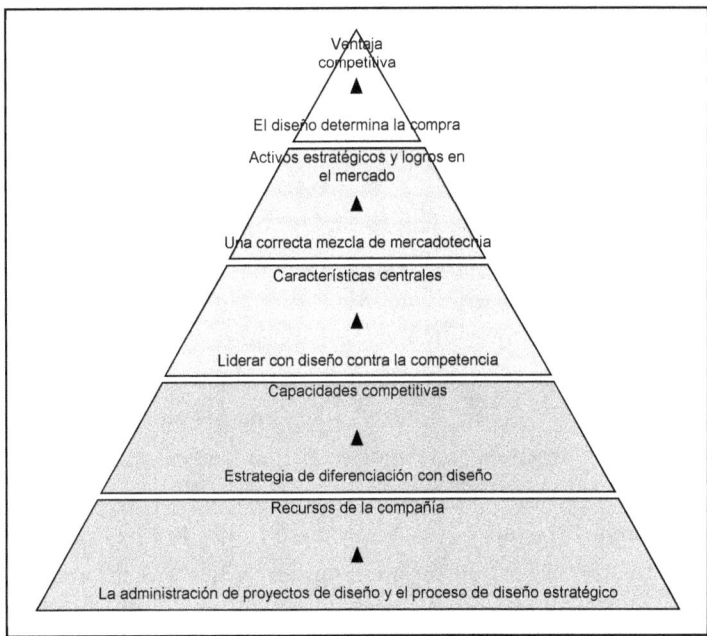

Movilización de los recursos en la compañía para lograr una ventaja competitiva. Adaptado de: Thompson, Arthur; Strickland, A. J. *Administración estratégica. Conceptos y casos.* USA: Mc Graw Hill, 2004. 398 pp. p. 121.

La administración de proyectos

Un diseñador es un planificador con sentido estético
BRUNO MUNARI
Diseñador, poeta, escultor, pedagogo y autor italiano, vinculado al movimiento
futurista

Según Satué (1988) el diseño ha desarrollado una serie de procesos cognitivos y técnicas que se han ido adaptando al contexto social. En el medio profesional y para la correcta realización de un proyecto de diseño se han gestionado bajo estrictas medidas disciplinares con el propósito de lograr efectividad comunicativa, congruencia estética y usabilidad en los negocios, esto es, que se realizan en torno a una consistente organización.

Para Hil & Jones (2005) a modo de adecuarse al entorno de los negocios se han adoptado procesos con funciones organizativas que revelan que el diseño está reconociendo el proceso de surgimiento de la administración para intervenir cuando sea apropiado, desde las acciones de emprendimiento, la gestión de una empresa y hasta el desarrollo de un proyecto.

Según Bruce et al., (1999) a partir de establecer una organización empresarial, el diseño ha enfocado su atención en el proceso de administración de proyectos de diseño y sus efectos.

En el proceso de administración de proyectos de diseño y en términos generales, existen tres aspectos como los más importantes:

1.   Finding the appropriate project for company profile:

Específicamente el método que una compañía emplea para encontrar el proyecto que más se adecúe a su misión, para desarrollarlo según su modelo de negocios, el tipo de clientes o el perfil de los consumidores. Esto implica ser específico al dirigirse a un sector de negocios y ser atinado en el segmento de mercado.

2.   Redacción de los requerimientos del proyecto o «brief»:

Lo cual se refiere al método que una compañía emplea para que el diseñador recopile la información necesaria de cada proyecto y realizar el trabajo de diseño de manera profesional. Haciendo uso de estos requerimientos de diseño o brief.

3.   Evaluación del proyecto de diseño:

Es decir, el método que la compañía emplea para evaluar el proceso de diseño de manera continua y poder identificar si fue exitoso o no el resultado, ya sea:

a.   Mediante el contraste de los requerimientos de diseño contra el producto obtenido.

b.   A través de un simple análisis de los costos del diseño contra el aumento en las ventas del producto y su permanencia en el mercado.

De esta manera y respecto a cualquier organización, el proceso de administración de proyectos diseño se debe implementar en:

a.   Una empresa de diseño.

b.   Una compañía que cuenta con un departamento de diseño.

c.   Una compañía que contrata servicios de diseño.

Con el fin de compatibilizar los procesos entre los servicios profesionales de diseño, el departamento de diseño y una empresa que contrata servicios de diseño, sea micro, pequeña, mediana o grande y de cualquier industria. Teniendo en cuenta que su principal objetivo es desarrollarse como un proceso interno de la compañía y crear un producto o servicio de la manera más eficiente posible.

Al respecto Peter Gorb y Angela Dumas (mencionados por Frías, 2004) profesores de la Open University en Inglaterra subrayan el término «diseñadores silenciosos», lo refieren a aquellos profesionales no diseñadores, quienes toman decisiones de diseño que afectan el desarrollo de un proyecto de diseño y en muchos casos deterioran el resultado final.

De igual modo Cooper (1995) (citado por Iduarte & Zarza, 2004) indica que el fenómeno del diseño silencioso se reconoce porque el diseñador profesional es sustituido por otras personas como los propios gerentes o dueños de las compañías y parece deberse, en parte, a la existencia de «software de diseño» de fácil uso o a la estrecha relación del dueño con los clientes quien les hace pensar que conoce mejor que nadie sus necesidades y preferencias.

También puede suceder cuando los diseñadores profesionales no se involucran de lleno en el proyecto de diseño y no intervienen en la toma de decisiones del proyecto dejándolo en manos de personas no preparadas para resolverlo correctamente.

Telford (2001) comenta que son todavía muy pocas las empresas mexicanas que comprenden los conceptos de profesionalismo, servicio y diseño, es decir, que en términos generales el costo del diseño todavía es percibido como un gasto y no como una inversión y existe una marcada falta de información por parte de los gerentes sobre las ventajas diferenciales que el uso adecuado del diseño puede traer a sus empresas.

Según Daniels (2000) el motivo más evidente de fracaso en el uso del diseño es la poca habilidad que tienen los empresarios para definir los requerimientos del proyecto.

Al respecto, Frías (2004) comenta que en la planeación de cualquier tarea de diseño es necesaria la elaboración de un listado de requerimientos o «brief»; este documento debe contener en general los datos racionales del diseño, más la información de aspectos administrativos y de mercadotecnia, que debe ser solicitada y analizada por todo el equipo interdisciplinario involucrado en el desarrollo de un proyecto de diseño y en la mejor medida posible determinar el costo, precio y atributos del producto.

Según el diseñador australiano Ken Kato (mencionado por Frías 2004) en base al brief se genera la información gráfica necesaria para hacer visible lo intangible.

Al conformar una idea en el desarrollo de un proyecto de diseño, parte del trabajo que se debe realizar en el proceso de diseño es incorporar los beneficios emocionales para la colocación de un producto en el mercado, estos deben estar reflejados en los atributos de su imagen y su forma: su contundencia visual; por lo que es de primer orden conocer qué implica el posicionamiento.

Kotler & Amstrong (2003) advierten que la posición de un producto refiere la forma en que los consumidores definen el producto con base en dos atributos importantes:

1. El lugar que el producto ocupa en la mente de los consumidores, en relación con los productos de la competencia.

2. La implantación de los beneficios distintivos y la diferenciación de la marca en la mente de los consumidores.

Como ejemplo, Sobrino & Mercado (2006) sostienen que, «además del producto, las tiendas departamentales y de autoservicios siempre están buscando formas novedosas, ingeniosas, útiles y divertidas para llamar nuestra atención, sus objetivos son aumentar sus ventas y el flujo de compradores, así como asegurar la lealtad de sus clientes. Para lograrlo se requiere de un esfuerzo constante de investigación y análisis de las necesidades y tendencias de sus distintos mercados. En ellas se encuentran de todo tipo de servicios, pues cuentan con una estrategia global y aplican sus fórmulas probadas en otras latitudes, también existe una estrategia emocional y psicológica y está dirigida a nuestros sentimientos y emociones». En este sentido, el diseño contribuye a todo ello.

Al respecto Guijosa & Frías (2006) declaran que, «Con los cambios de las tendencias en el comportamiento del consumidor observadas, sobre todo, en la década de los 90, ante entornos cada vez más competitivos y la orientación empresarial dirigida hacia la identificación y satisfacción de las necesidades de los consumidores, tanto de bienes de consumo masivo como de los denominados bienes de lujo, el diseño ha adquirido un nuevo rol: Se ha convertido en una herramienta estratégica de la mercadotecnia. Los atributos tangibles de un producto son ahora un motivo claro de compra por su capacidad para comunicar no sólo atributos racionales como la funcionalidad, sino un imaginario fuerte, coherente, reconocible y único».

Afirman que, «el diseño juega un papel muy importante en la mercadotecnia, ya que el impacto visual que el diseño aporta al producto, marca una gran diferencia entre un producto y otro, logrando abanicos de elección, y por tanto influencia en el comportamiento de compra de un consumidor, esta influencia ha sido producto del nuevo rol que la globalización y la manifestación del consumo han experimentado, por lo que el diseño coadyuva al objetivo principal de la empresa: la rentabilidad, pues aporta valores agregados a un producto y a las entidades económicas que lo producen».

Aunque hay que destacar que el mayor atributo del diseño florece de su concepción y comienza desde su reflexión.

De acuerdo con Isern (2003), «Como disciplina, el diseño aún no está suficientemente difundido entre las empresas, si bien existen casos notorios de empresas que han adoptado con éxito estrategias de diferenciación basadas en el diseño, todavía parte de nuestro gremio empresarial desconoce las posibilidades de este instrumento de innovación y mejora. Una escasa apreciación de la capacidad del diseño para aportar beneficios y ventajas competitivas a las iniciativas empresariales hace, que en muchas ocasiones, sea visto por parte de muchos empresarios como un gasto y no como una inversión».

Ahora, «el principal objetivo del diseño es contribuir a extender la cultura de la innovación entre las pequeñas y medianas empresas para que asimilen el diseño como un factor clave en la diferenciación y el éxito de sus productos y servicios».

«Los ejemplos de las aplicaciones del diseño y de su contribución al éxito que se ha visto avalado por su proyección en el mercado, reflejan la firme decisión de muchas empresas que han apostado por añadir valor a sus productos y servicios, por diferenciarse y por mejorar la comunicación con sus clientes».

Según lo demuestran diversas investigaciones realizadas en países de primer mundo, como lo indican (Jeffrey & Hunt 1985; Bruce et. al., 1999; Olson et al., 2000) el uso profesional del diseño puede influir de manera positiva en el funcionamiento de la empresa siempre y cuando se administre de manera efectiva.

En este sentido, es de suma importancia tener bien identificado al diseño y su trabajo junto con las disciplinas que lo acompañan en los negocios y repercuten directamente en la definición de los requerimientos de un proyecto de diseño.

Diversos autores como (Faust, 2000; Bouchenoire, 2000; y Kalderman, 1991) citados por Iduarte & Zarza (2004) coinciden en que una adecuada comunicación entre el empresario y el diseñador es un elemento clave para el éxito del proyecto. Es en ese transcurso cuando hay que tomar en cuenta un análisis minucioso entre la administración (misión, visión, estrategias, entre otros), la mercadotecnia (necesidades que debe satisfacer el nuevo producto, segmento del mercado al que se dirige, entre otros) y el diseño (especificaciones técnicas, exigencias del consumidor, entre otros).

La clave necesaria para lograrlo es tener consciente su relación y proyectarla de forma atinada en la redacción de los requerimientos de diseño.

Concepto básico: Toda empresa debe utilizar un brief para delimitar las características de su proyecto de diseño.

1. CATEGORÍA DE PRODUCTO:	5.1.1 Competencia primaria
2. MARCA:	5.1.2 Competencia secundaria
3. PRODUCTO, NOMBRE Y PRESENTACIÓN:	5.1.3 Competencia genérica
3.1 Descripción física general	5.2 Segmentación regional
3.1.1 Descripción minuciosa del producto	5.2.1 Segmentación por marcas
3.1.2 Descripción minuciosa del empaque	5.2.2 Segmentación por presentación
3.1.3 Hábitos de consumo	5.2.3 Segmentación por precio
3.1.4 Hábitos de compra	5.3 Participación general de mercado
3.2 Descripción conceptual-emocional del producto	5.3.1 Participación en el mercado
3.2.1 Beneficio básico del producto	5.3.2 Participación publicitaria
3.2.2 Evidencia de apoyo del producto / consistencia, color, olor, sabor especial	5.4 Dimensión de su impacto
3.2.3 Razón del porqué / Razón principal de su elección	5.4.1 Volumen de ventas
4. PÚBLICO OBJETIVO:	6. ESTRATEGIA DE MERCADO:
4.1 Perfil demográfico / género, edad, ocupación, NSE, educación, lugar de residencia	6.1 Precio
4.2 Perfil psicográfico / estilo de vida, tiempo libre, estilo social	6.2 Distribución
4.3 Posición del consumidor, del comprador, del decididor	7. ESTRATEGIA DE COMUNICACIÓN:
5. MERCADO:	7.1 Grupos objetivo
5.1 Competencia general	7.2 Posicionamiento en la mente del consumidor

Los requerimientos de diseño "brief". Adaptado de: "Brief de Coca-Cola en Argentina, Venezuela y Colombia". http://es.scribd.com/doc/54536566/Brief-Coca-Cola#scribd

Para administrar correctamente tu proyecto de diseño, es mejor que tu compañía use el proceso de administración de proyectos de diseño como documento, el que debe ser llenado con sus propios datos. Para diseñar a otra empresa el documento debe llenarse con los datos de ella.

Concepto básico: El uso del proceso de administración de proyectos de diseño en una compañía es la forma adecuada para fundamentar, diseñar y evaluar exitosamente un producto en el mercado.

1. INFORMACIÓN DE LA EMPRESA. Fundamenta el proceso directivo de la empresa. (Administración)	
Nombre:	Valores:
Filosofía:	Edad:
Misión:	Tamaño (No. de integrantes):
Visión:	Sector de presencia: (países, regiones)
2. BRIEFING	
Define objetivos de mercado. (Mercadotecnia). Inicia el proceso creativo del proyecto. (Diseño).	
Categoría de producto:	Competencia primaria
Marca:	Competencia secundaria
Producto, nombre y presentación:	Competencia genérica
Descripción física general	Segmentación regional
Descripción minuciosa del producto	Segmentación por marcas
Descripción minuciosa del empaque	Segmentación por presentación
Hábitos de consumo	Segmentación por precio
Hábitos de compra	Participación general de mercado
Descripción conceptual-emocional del producto	Participación en el mercado
Beneficio básico del producto	Participación publicitaria
Evidencia de apoyo del producto / consistencia, color, olor, sabor especial	Dimensión de su impacto
Razón del porqué / Razón principal de su elección	Volumen de ventas
Público objetivo:	Estrategia de mercado:
Perfil demográfico / género, edad, ocupación, NSE, nivel educativo, lugar de residencia	Precio
Perfil psicográfico / estilo de vida, tiempo libre, estilo social	Distribución
Posición del consumidor, del comprador, del decididor	Estrategia de comunicación:
Mercado:	Grupos objetivo
Competencia general	Posicionamiento en la mente del consumidor
Cálculo de la realización del proyecto	
Objetivos de la campaña	Fecha de lanzamiento del proyecto
Tiempo para desarrollar la campaña	Presupuesto
Entregar a revisión para recibir como contrabrief con comentarios para su arreglo	
3. EVALUACIÓN. Valora resultados, ajusta cambios, recicla estrategias planeadas y reactivas. (De Administración, Mercadotecnia y Diseño)	
Congruencia entre resultados del producto contra todos los puntos del brief y el perfil de la empresa	Aumento en las ventas y preferencia del consumidor

El proceso de administración de proyectos de diseño. Adaptado de: Bruce et al. (1999) & http://es.scribd.com/doc/54536566/Brief-Coca-Cola#scribd

La innovación

Hay tres respuestas para una pieza de diseño: sí, no y ¡wow! Hay que aspirar a
wow
MILTON GLASER
Renombrado diseñador gráfico estadounidense

Según la RAE (2012), el término innovación significa la creación o modificación de un producto y su introducción en un mercado.

La Organización de Cooperación y Desarrollo Económicos [OCDE] (2005) en el Manual de Oslo, distingue la innovación en cuatro ámbitos: producto, proceso, mercadotecnia y organización. Destaca que según datos desde su primera edición en 1992, las innovaciones de producto y proceso son bien conocidas en el sector empresarial, mientras que las innovaciones de comercialización y de cambios organizativos son conocidas solo por empresas de algunos países.

La OCDE define la innovación como, «la introducción de un nuevo o significativamente mejorado producto (bien o servicio), de un proceso, de un nuevo método de comercialización o de un nuevo método organizativo en las prácticas internas de la empresa, la organización del lugar de trabajo o las relaciones exteriores».

El manual apunta que para haber innovación, hace falta como mínimo que el producto, el proceso, el método de comercialización o el método de organización sean nuevos o significativamente mejorados para la empresa; que haya sido introducido en el mercado y que haya sido utilizado efectivamente.

Schumpeter (1978) define la innovación como una invención que se introduce en el mercado, es decir, con potencial de industrialización y de mercado.

Asegura que las innovaciones incrementales, son aquellas que mejoran un producto, servicio o método existente, pero «caen bajo el análisis estático» ya que no explican las transformaciones sociales.

Para él, lo importante son las innovaciones radicales, aquellas ideas originales totalmente novedosas que acaparan todo el mercado capaces de provocar cambios «revolucionarios».

Subraya que el empresario innovador no es cualquier empresario que monta una empresa, no es el capitalista, ni el técnico «expertise», este empresario es la persona que tiene capacidad e iniciativa para proponer y realizar nuevas combinaciones de medios de producción, es decir, la persona que con negocio o sin negocio es capaz de generar y gestionar innovaciones radicales dentro de las organizaciones o fuera de ellas.

Según De Jong, Vanhaverbeke, Kalvet, & Chesbrough (2008) en la primavera de 2003, el libro «Innovación Abierta», fue publicado por Chesbrough quien acuñó este término por primera vez. Según Chesbrough, tradicionalmente muchas compañías se dirigieron a través de la innovación cerrada la mayor parte del siglo veinte, con la cual los proyectos de negocios se gestionan exclusivamente con el conocimiento, las fuentes internas y los medios de la propia organización, asimismo, la materialización de resultados económicos se logra exclusivamente a través de la incorporación de dicho conocimiento en los productos de su propia cartera.

Para Argote & Ingram (2000) bajo este modelo clásico, las empresas protegen la transferencia de su conocimiento a los competidores, los proyectos sólo pueden empezar en el interior de la empresa y terminar en su propio mercado.

En definitiva, Chesbrough (en De Jong, et al., 2008) dice que proteger sus conocimientos son medidas del pasado dado a presencias crecientes: personal altamente experimentado y calificado, creciente presencia de capital de riesgo privado, tiempo cada vez más rápido al mercado para muchos productos y servicios, creciente competencia de las empresas extranjeras debido a la globalización en curso y una acción más amplia de los conocimientos de diversas fuentes, traen como consecuencia que las empresas deban abrir sus puertas; se cree ampliamente que la era de la innovación abierta ha llegado.

Brant & Lohse (2014) mencionan que, Chesbrough en 2006 define la innovación abierta como el uso de entradas con propósito y salidas de conocimiento, para acelerar la innovación internamente al tiempo que amplía los mercados para su uso externo. Este modelo implica, intercambios estratégicos de información gestionado con actores fuera de los límites de una organización, cuyo objetivo es integrar sus recursos y conocimientos en su propio proceso de innovación.

En otras palabras, según De Jong, et al., (2008) la innovación abierta es un recurso propositivo utilizado en las empresas para salir de los límites internos de su organización y donde la cooperación con diversos profesionales externos tiene un papel fundamental. Significa combinar el conocimiento interno con el externo para sacar adelante los proyectos con I+D (investigación + desarrollo) y poner en el mercado sus productos innovadores. Las empresas deben hacer la suficiente en I + D para ser económicamente dinámicas y tener la capacidad de absorción, llevar a cabo un diálogo profesional y aprender de su entorno externo.

Bajo este panorama es posible clasificar la innovación:

Como dice la OCDE (2005): Por su naturaleza:

1.   Innovación de producto: que resulta al introducir al mercado nuevos o mejores productos o servicios.

2.   Innovación de procesos: como efecto de aplicar nuevos o mejores métodos de negocio a procesos de producción.

3.   Innovación de comercialización: que deriva al abrir un nuevo mercado o implantar mejores estructuras en un mercado.

4.   Innovación de organización: como consecuencia de crear una nueva o mejor forma de gestión o fuente de suministro.

En base a Schumpeter (1978): Por su grado de originalidad:

1.   Incremental: cuando solo hay mejoras realizadas sobre un producto, servicio o método existente.

2.   Radical: cuando hay una combinación original, diferentes aplicaciones o nuevas concepciones con la finalidad de obtener un resultado totalmente novedoso que acapare todo el mercado.

De acuerdo con Chesbrough (en De Jong, et al., 2008): Según su surgimiento:

1.   Innovación cerrada: cuando la innovación solo surge desde una organización hacia un solo nicho de mercado.

2.   Innovación abierta: cuando la innovación surge por la integración de diversas organizaciones hacia el mundo crecientemente diversificado.

La recomendación crucial es optar por la innovación abierta y proteger su propiedad intelectual mediante patentes, derechos de autor y registro de marcas.

Bajo el panorama de, De Jong, et al., (2008) se puede señalar que la creación, la supervivencia, el crecimiento y la transferencia de conocimiento privado entre las empresas son comportamientos que estimulan el espíritu empresarial de las personas hecho que hace definir *el descubrimiento* como la evaluación, organización y ejecución de oportunidades, cuando a partir de ello, los emprendedores inician algo nuevo, son persistentes y proactivos en su realización.

Para la OCDE (2005) hay dos razones principales para usar el criterio de nuevo para la empresa como requisito mínimo de una innovación. Primero, adoptar innovaciones para innovar en la mejora de bienes y segundo, difundir las innovaciones iniciales a otras empresas que son nuevas para ellas.

Para Porter & Scott (2001) «la innovación se ha convertido en el reto decisivo para la competitividad global. Para manejarla bien, las compañías deben aprovechar el poder de la ubicación en crear y comercializar nuevas ideas».

Para Brant & Lohse (2014) se espera que la innovación abierta se convierta en el modelo de innovación del siglo veintiuno. Pues en efecto, tener ideas es sencillo, tener buenas ideas ya es más complicado, pero lo que realmente constituye un reto estratégico para las empresas es generar continuamente verdaderas ideas buenas y convertirlas en productos y servicios con éxito comercial en el mercado.

Robert Hayes (mencionado por Frías, 2004) declaró que en los años 60 y 70 las empresas competían en base a precio, durante finales de los 70 y principios de los 80 lo hacían con calidad, sin embargo vaticinó que a partir de finales de los 80 lo harían con diseño.

Isern (2003) diseñador y director de la revista Guía Creativity en España cree que es necesario que los gestores del diseño y los responsables de comunicación de las empresas dispongan del diseño como un instrumento para optimizar la gestión profesional, con el objetivo de generar negocios entre las empresas en sus diversos sectores con la voluntad de establecer criterios, potenciar sinergias entre estos, abrir perspectivas a nuevos mercados y estimular el binomio oferta-demanda; en consecuencia aumentar el valor del diseño en un país.

Destacando al diseño como elemento imprescindible de innovación.

Concepto básico: La competencia entre las empresas provoca innovar para obtener ventajas, como el reflejo de los enfoques de liderazgo que establecen un pronóstico futuro a modo de ampliar su dominio en la dirección, mercadeo y creatividad en extensos sectores.

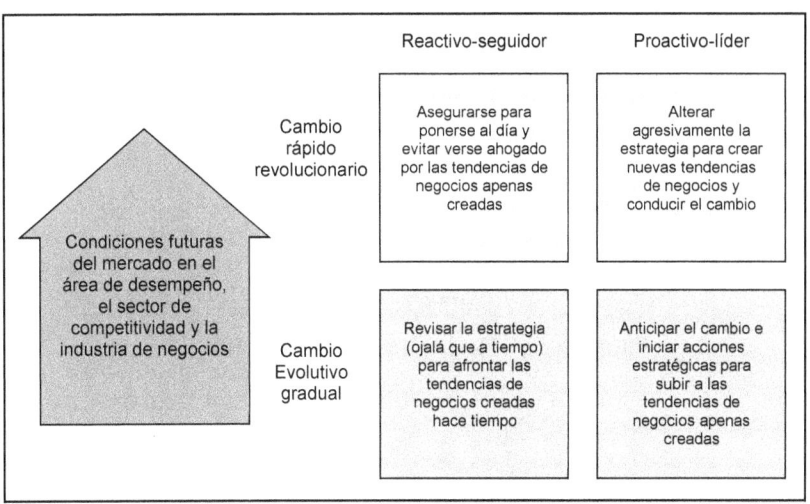

Enfoques estratégicos de negocios para prepararse con vista a las futuras condiciones del mercado. Adaptado de: Thompson, Arthur; Strickland, A. J. *Administración estratégica. Conceptos y casos.* USA: Mc Graw Hill, 2004. 398 pp. p. 17.

Estas 6 conductas del diseño corresponden a la Granadina. Úsalas para proyectar la actitud de tu compañía y convertir las ideas en productos que detonen la excitación y pertenencia de la gente. Que los haga desafiar lo que experimentan de tu compañía

El hielo de fondo | PARTE 3
Impregnando a la Granadina

Necesitas el tipo de objetividad que hace que te olvides de todo lo que has oído antes para hacer un estudio del mismo modo que lo haría un científico
STEVE WOZNIAK
Inventor, ingeniero electrónico, programador informático y empresario estadounidense

BILL GATES
Fundador y Director Ejecutivo de Microsoft

Ten energía.

«Cuando empecé Microsoft, no puedo creer todo el riesgo que ha sido, quiero decir, estaba tan entusiasmado con lo que estábamos haciendo que de fallar pudimos haber ido a la quiebra, pero, tú sabes, tenía un conjunto de habilidades que eran altamente empleables, y de hecho, mis padres todavía estaban dispuestos a dejar que me fuera de nuevo a Harvard a terminar mis estudios, si yo quería, y la única cosa buena que me daba miedo era no dejar de estudiar e iniciar la empresa. Fue cuando empecé a contratar a mis amigos, y ellos esperaban que les pagara. Con el tiempo, tuvimos clientes que después se declararon en quiebra, así como clientes al igual contados, que lo lograron, y por eso adquirí este enfoque tan conservador. Yo quería tener suficiente dinero en el banco para pagar un año de abundancia a la nómina, incluso cuando no podíamos, conseguíamos cualquier cosa, cualquier pago que entrara, y ahora estoy todo repleto. Ahora, todo el tiempo oigo hablar sobre $10 mil millones, lo cual es lo suficientemente más bonito para el próximo año. De todas formas, si vas a comenzar una compañía, se necesita tanta energía que, ya sabes, es mejor superarlo cuando tu familia sabe el riesgo. No creo que necesariamente, si vas a comenzar una empresa, debas hacerlo al inicio de tu carrera, creo que hay mucho que decir a favor de trabajar como empleado y aprender cómo hacer las cosas, ya sabes, si eres joven es muy difícil prometer que pagarás tu arrendamiento, eso te hacen un tacaño, o poder alquilar un coche antes de tus 25 como ahora; así como yo que tomaba de los impuestos para ir a ver los clientes, y la gente lo haría, tú sabes, la gente dice: "vamos a tener una discusión al bar", que es como ir al bar. Y eso es divertido, porque te lo voy a decir, cuando la gente es cuadrada y escéptica, dice: "este chico no sabe nada", pero después, cuando les muestras que realmente tienes un buen producto, sabes algo, su primer reacción es salir por la borda y pensar: ¡wau! Ya sabes, después el clásico ¡qué! Vamos a hacer realmente una increíble cantidad de emprendedores, pues son jóvenes, al menos en este país. Yo era un gran activo para nosotros, una vez que alcanzamos un cierto umbral, es difícil contratar a todas las personas mayores, porque son un poco más conservadores sobre si deben entrar y tomar el riesgo. A mí me tomó tres o cuatro años antes de que pudiéramos salir a lo normal, con cierto empleo frescos, pero, esos problemas son comunes cuando empiezas tu firma, mejor piensa lo que yo, que tan solo son parte del placer, parte del desafío que contiene la emoción». (Gates, 2013)

WARREN BUFFET
Presidente y Director Ejecutivo de Berkshire Hathaway

Contrata actitud.

«En determinar si triunfas, hay más que intelecto y energía. Y me gustaría hablar solo unos segundos acerca de eso, de hecho, había un compañero, Pete Fewed, en Omaha, quien solía decir, que hay que mirar 3 cosas a la hora de contratar a alguien: integridad, inteligencia y energía, y decía que si la persona no tenía las 2 primeras, las dos últimas lo matarían, porque si no tiene integridad, prefieres que sea tonto y vago, pues no lo quieres listo y con energía. Y realmente no quiero hablar sobre esa persona [...] Imagina por un momento que te doy la oportunidad de comprar el 10% de uno de tus compañeros por el resto de su vida [...] y tienes que elegir la imagen de uno que se vaya a valer de sus propios méritos, y te doy una hora para pensarlo [...] y probablemente escogerías la imagen de aquel al que mejor respondes, uno que tenga cualidades de líder, que vaya a conseguir que los demás desarrollen su actividad, y esa sería la persona generosa, honesta y que da el mérito a los demás, incluso por sus propias ideas, todo ese tipo de cualidades, y puedes escribir, esas cualidades que admiras de la otra persona, en un lado de una página [...] Y entonces yo añadiría un incentivo aparte. Tendrías que estar dispuesto a ser corto y vender el 10% de otra persona [...] y empezarías a pensar sobre la persona que te produce rechazo, que nunca tuvo diversas cualidades [...] que por su personalidad todos realmente quieren estar alrededor de otras personas, cuya voluntad es no estar cerca, y ¿qué cualidades llevarían a esto? Habrían muchas cosas: ya sabes, es la persona que es egoísta, poco deshonesto, corta esquinas; todas esas cualidades, y escríbelas al otro lado de la página. Al mirar esas dos cualidades a la izquierda y derecha del papel, hay una cosa interesante, no es la habilidad de lanzar un balón 60 yardas, no es la habilidad de correr los 100 metros en 9.3 segundos, no es ser el más guapo de la clase, son todo cualidades que si realmente quieres tener, al lado izquierdo, las puedes tener, son cualidades de comportamiento, temperamento, carácter, que son conseguibles, no están fuera del alcance de nadie. Y si miras las cualidades al lado derecho, esas que encontraste en otra persona, no hay ninguna de ellas que tienes que tener, si las tienes, tu puedes actuar y aun deshacerte de ellas, y lo puedes hacer mucho más rápido, serías un cínico a mi edad, porque muchos comportamientos son hábitos; dicen que: "Los cambios de hábitos son demasiado sutiles para ser notados hasta que son demasiado pesados para ser rotos". No hay ninguna duda, veo a gente con esos patrones de comportamiento autodestructivos […] y ellos realmente son presos de sí mismos, van alrededor y hacen cosas que repelen a los demás, y no necesitan ser así, pero llegan a un momento en que es difícil que lo pueden remediar. Pero a tu edad puedes elegir los hábitos que quieras, cualquier patrón de conducta que desees, es simplemente una cuestión de cuál elegir, y por qué no elegir aquellos que, es decir, si quieres. Ben Graham, en sus adolescencia inicial miró a su alrededor y se fijó en las personas que admiraba y él dijo, ya sabes, 'Quiero ser admirado', después, 'cómo me comportaría como ellos?' y encontró que no era nada imposible comportarse como ellos, y, él hizo lo mismo a la inversa, en términos de eliminar esas conductas nocivas, así que yo recomendaría que si escribes esas cualidades y reflexionas sobre ellas convirtiéndolas en hábitos, mientras te concientizas, tú serás de quien quieras comprar el 10 por ciento. Y lo bonito del tema es que ya eres propietario del 100 por ciento y estás pagado con ello, como bien, ese alguien más, podrías ser tú». (Buffett, 2013)

ELON MUSK
Fundador y Director Ejecutivo de SpaceX

Toma riesgos.

«Dependiendo de qué tan bien quieras hacer una profunda comprensión de tu empresa, es que necesitas trabajar súper duro, pero, ¿qué quiero decir con súper duro? Cuando mi hermano y yo estábamos estudiando, para nuestra primera empresa, en vez de conseguir un apartamento, sólo alquilamos una pequeña oficina y dormíamos en el sofá, así que nos duchábamos en la YMCA, pero lo peor era que teníamos solo una computadora, por lo que el sitio web estaba activo todo el día y yo tenía que llamar por la noches, los siete días de la semana, todo el tiempo, siendo breve, tuve una novia en ese período y con el fin de esperar dentro de la nave, dormíamos en la oficina, por lo que éramos capturados todas las mañanas, eso es lo que me gustaría decir, si quieres iniciar una empresa. Haciendo matemáticas simples, si alguien trabaja cincuenta horas y tú trabajas cien, obtienes el doble, haces mucho más en el transcurso de los años a tu empresa [...] Si estás creando una empresa o si estás reuniendo a una compañía, lo más importante es atraer a personas valiosas, visualiza el panorama con un grupo unido que es asombroso y tú realmente respetas, o si construyes una empresa reúne a grandes personas. Toda empresa es un grupo de personas que se reunieron para juntos crear un producto o servicio, entonces, depende de cuánto talento y trabajo duro logre ese grupo, y del grado en que se mantenga enfocado, yendo fácilmente en buena dirección, para que se pueda determinar el éxito de la empresa. Así que haz todo lo que puedas para reunir grandes personas, si estás creando una empresa. A continuación, mantén la concentración en la señal no en el ruido, muchas empresas se confunden porque gastan dinero en cosas que en realidad no hacen que el producto mejore, así que por ejemplo, si en Tesla nunca nos hemos gastado dinero en publicidad, es porque queremos poner el dinero en RD, en la fabricación, o el diseño, para tratar de hacer que el coche sea lo mejor posible, y creo que ese es el camino a seguir. Así que, para cualquier empresa, solo mantengan el pensamiento en todos esos los esfuerzos en que la gente gasta, como resultado de mejorar el producto o servicio, y si no es así, detengan ese esfuerzo. Por último, no sólo sigas las tendencia de la moda, con eso quiero decir, que es bueno pensar en términos del enfoque de la física, de los principios básicos, que es, en lugar de razonar por analogía, la gente piensa hasta el fondo más alto de la verdad fundamental que te puedas imaginar, y elévate a partir de ahí. Es una buena manera de averiguar si algo de verdad tiene sentido, o si es sólo lo que hacen los demás. Es difícil pensar que no podamos pensar de esa manera sobre todo. Se requiere mucho esfuerzo. Pero si intentas hacer algo nuevo, es la mejor manera de pensar. Y toda estructura ha sido desarrollada por los físicos, para averiguar cánones y cosas enteras como la mecánica cuántica, por lo que es realmente poderoso el mensaje. Así que […] ahora es el momento de tomar riesgos […] como todas tus obligaciones aumenten, y una vez que tengas una familia, empieza a tomar riesgos, no sólo para ti mismo, sino para tu familia también, puede que sea más difícil, o quizá que las cosas no funcionen, aunque ahora es el momento de hacerlo. Antes tú tienes tus obligaciones. Por ello, quiero animarte a tomar riesgos, para que desde ahora hagas algo audaz. Si tú lo quieres, tú lo tienes». (Musk, 2014)

La sonora caída de los cubos de hielo es el indicador de que se está obteniendo la información que se quiere tener fielmente, traducir correctamente y dirigir bien moldeada con las cualidades que se requieren desarrollar en tu producto, que son las que requiere tu mercado meta.

Después de conocer el mejor hielo de fondo seleccionado para el Tequila Sunrise para Negocios, tal vez te estés haciendo la pregunta, ¿y qué es eso que representa el hielo del cóctel aquí en los negocios?

Pues es eso que tiene la mayor claridad, precisión y efecto que completa de principio a fin en quién lo debes activar.

El hielo es tu intención.

La claridad de la intención con que te plantas hacia el mundo con tus negocios. Que tienes desde que eliges a quienes comprendes por tu carácter: tus colaboradores, y activas en tu público objetivo.

La precisión de la intención con que haces pensar al mundo sobre tus negocios. Que tienes desde que eliges a quienes compartes tu amor: tu segmento representativo, y activas en tu mercado meta.

El efecto de la intención con que impactas al mundo respecto a tus negocios. Que tienes desde que eliges a quienes conviertes su actitud: tus difusores, y activas en tu fiel consumidor.

Todos quienes te ven con la presencia que esperan experimentar en el producto que desean de tu compañía.

Concepto básico: Para que las empresas alcancen sus objetivos, deben iniciar o renovar sus movimientos representándolos en el diseño. Para hacerlos precipitar de nuevo a las acciones de los tres procesos sobre los que están sustentados y reforzarlos.

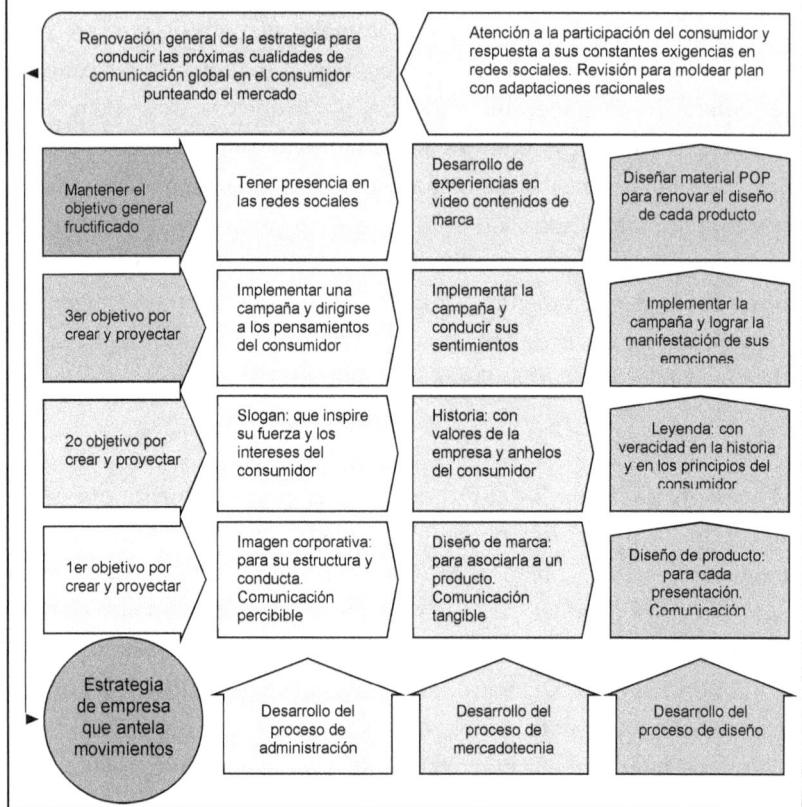

La creación de la estrategia general de negocios dirigida a las fases de contacto con el consumidor.

Catando la combinación perfecta
El Tequila Sunrise a punto de hielo

Cuando vayas por algo, no regreses hasta que lo consigas
WILLIAM CLEMENT STONE
Empresario, filántropo y autor de libros de autoayuda

La relevancia de estos tres ingredientes proviene de haberlos entendido como una energía trina. Me refiero a la energía original que existe en todas partes y sea como sea está para proyectar el éxito. Esto es porque siempre busca tres objetivos: generar orden, lograr expansión y dejar evidencia. Es la forma en que opera. En los negocios existe representando el orden con la administración, la expansión con la mercadotecnia y la evidencia con el diseño. Y basta con tener la firme intención de lograr el éxito en algo para que comience a tomar forma como entidad. Y si es pensando en los negocios, estará dispuesta para que se active debidamente como energía tripartita y lograr su cometido en los negocios. Pues trabaja bajo una verdad. La unidad trina. La que nos deja en todo momento y en todas partes un rastro, que seguimos por instinto de compatibilidad de nuestro ser natural con su origen natural y ese rastro nos permite encontrar la chispa que nos reafirma su presencia y nos lleva a dar cuenta cómo surcar el trayecto que dirige al éxito, porque siempre buscamos prosperar y ella busca manifestarse. Para aquí proyectarlos como disciplinas de negocios.

Lo que en resumen, se trata de manejar el poder de la Energía Trina de manera tripartita en los negocios, lo cual revela la maestría que debemos desarrollar para que se pongan en marcha cada proceso de negocios.

El hecho de triunfar en la vida es gracias a esa única energía tripartita que el universo otorga a todo cuanto existe. Esa energía se expresa y reacciona eficazmente en la naturaleza. Y al activarse correctamente y al unísono en cualquier cosa con un objetivo bien definido, por consecuencia se logra con éxito. Incluso en cualquier proyección que se genere de una idea. Solo que en este caso cuando es mal entendida, omitida o ignorada alguna de sus fuerzas, por consecuencia no se genera su frecuencia y la energía no funcionará adecuadamente.

Siempre que la energía se expresó en nuestra sociedad desde la realidad natural se le utilizó para insertarla como el sistema comercial y manejar su fuerza para crear la realidad artificial en que vivimos, a pesar de ello desde la artificialidad es posible para todos darnos cuenta de cómo realmente trabaja el universo con un sistema perfecto de creación y patrones naturales que están por todas partes y son los que nos comunican la manera de establecer conexión con la naturaleza universal, la forma es adentrándonos en ello, notar el flujo de la energía del universo y sus tres fuerzas para finalmente activarse con el fin de crearse como una mejor realidad y salir del sistema falso que nos rodea.

Para recuperar la correcta dirección que lleva la fuerza de la energía trina que mueve la vida de manera natural e instaurarla de nuevo en el medio de supervivencia de la sociedad actual, debemos guiarnos por un proceso.

Primero debemos conocer de manera general cómo desarrollar la energía trina en los negocios, las tres principales disciplinas que hacen triunfar. Una vez entendiendo cómo se ha llegado a triunfar levantando organizaciones a las que hoy en día se les concibe como empresas, cómo se ha logrado mover grandes masas de gente a lo que ahora se denomina como mercado y cómo se ha conseguido cautivar a millones de personas a las que comúnmente se les designa como consumidores. Entonces será importante conocer a fondo todo el desarrollo completo del Tequila Sunrise para comprender cómo funciona en cada persona y tener los fundamentos necesarios que determinan controlar el proceso de manifestación de la realidad tanto en tu vida como en tus negocios.

Éste proceso siempre se da a escala cuántica, o sea, a gran velocidad y en diminuto. Y de mantenerlo, incrementa su fuerza en lo que llamamos tiempo y espacio. Así que continuemos aprendiéndolo en los negocios.

Siempre que tu compañía genera una visualización es porque ha originado una observación desde su administración donde comienza a concentrar la energía con pensamiento estratégico que representa la fuerza de la energía del tequila y responde a su plan de negocios proyectando una partícula impregnada de esa intención como probabilidad inicial que recorre toda su estructura, de modo que al pasar al departamento de mercadotecnia deja ahí la tendencia de esa instrucción para concentrar la energía con sentimiento competitivo que representa la maleabilidad de la energía de la naranja que requiere manifestar con el estudio de mercado para que se logre conformar como memoria, así que espera hasta tener la instrucción completa enviando la partícula con los resultados al departamento de diseño complementando como respuesta a esa instrucción con la emoción innovadora correspondiente que representa la dulzura de la energía de la granadina donde a través del uso del brief se crea un buen producto para poder convertirla en una experiencia intensa.

Así que esa partícula llena de pensamiento estratégico y emoción innovadora en acuerdo, suben de nuevo a mercadotecnia con la instrucción acumulada donde se generan los contenidos que completan al sentimiento competitivo requerido. Y combinados con la dosis adecuada como pensamiento, emoción y sentimiento se difunda la campaña para alcanzar la mayor penetración y cobertura dejando indeleble esa observación en la memoria del mercado meta vivido como experiencia, según la fuerza de la intención con miras de constantemente superar los límites que ha alcanzado la organización.

Teniendo efecto en la atracción del consumidor quien al observar tu producto lo memoriza, y al experimentar sus beneficios por interacción y compra, se siente cada vez con más seguridad consiguiendo que te siga. Lo que provoca regresar el efecto experimentado cuando colabora en la interacción, haciendo seguir al mismo efecto que les devuelve, como es la construcción del Sunrise, sus profundas necesidades de comando (al proyectar el carácter que le refleja tu administración), convencimiento (al proyectar el amor que le refleja tu mercadotecnia) y transformación (al proyectar la actitud que le refleja tu diseño), que les da seguridad en su interacción. Lo que significa que comparten el Efecto Sunrise que pusiste en su mente. Retornando a ti el magnetismo de lo que haces.

Cuando sucede todo este proceso es porque se ha observado a fondo y se ha llevado a la acción, es así que se provoca una vibración de regocijo en la compañía porque se está comprendiendo cómo surge un estado controlado de éxito constante y es debido a que se ha activado la energía trina del universo dentro de los negocios.

Esto es, se ha activado el poder enérgico del Tequila, que es el primer fundamento que genera orden y estructura, que en los negocios es la administración con lo que se vigoriza una compañía dotándola de las herramientas que le darán fuerte presencia. Proyectando Carácter.

Al mismo tiempo se ha activado el poder agridulce de la Naranja, que es el segundo fundamento que genera maleabilidad y expansión, que en los negocios es la mercadotecnia con lo que se templa una compañía dotándola de las herramientas que le darán flexible difusión. Diseminando Amor.

Y también se ha activado el poder dulce de la Granadina, que es el tercer fundamento que genera contundencia y evidencia, que en los negocios es el diseño con lo que se controla una compañía dotándola de las herramientas que le darán atracción y convencimiento. Provocando Actitud.

Acción que provoca se concentre un gran cúmulo de energía con tres frecuencias complementarias para magnetizarse a sí mismas como una sola energía (tus negocios bien combinados en acción), que literalmente comienza a abrir un vórtice de energía (tu correcto uso del plan de negocios, estudio de mercado y brief de diseño), que comienza a atraer lo que deseas para tu compañía (la implementación eficaz del FODA, 4 p's, y NEEE), compartiendo el último resultado de tu materialización (tu producto), para manifestar lo que quieres a partir de cuándo lo quieres (el Lanzamiento), atrayendo consistentemente las partículas de energía que exigen esa misma compatibilidad (tu consumidor) y eleves en ellos el combinado materializando su realidad (haciendo obtener el Sunrise) consiguiendo su apoyo energético como resultado de tu cóctel (obtienes el Sunrise) materializando tu realidad en los negocios.

Si deseas tener éxito en tus negocios comienza visualizando el panorama del Efecto Sunrise que deseas, para que a través de tu mejor intención impregnada de la energía de los tres ingredientes, provoquen la grandeza en los negocios que deseas de verdad. Este proceso desarrollará mejor carácter, amor y actitud que dejarán indeleble la marca que distinguirá a tus negocios. Cuida todos los detalles, ya que estarás desarrollando el sello que caracterice a tu firma y el que se materialice en tus negocios.

De tal modo que es de suma relevancia destacar que como parte del proceso de negocios, la presente propuesta demuestra que:

1. Para satisfacer al comprador hay que hacer un uso apropiado del briefing, y es importante tener un fuerte conocimiento del proceso de administración de proyectos de diseño, para conseguir empoderarlos de la actitud que exigen y desean experimentar; a través del diseño.

Lo que requiere que:

2.   Para entender al consumidor hay que realizar un buen estudio de mercado, y es indiscutible tener un fuerte conocimiento del proceso de administración de mercadotecnia, para lograr abordarlos con el amor que necesitan y quieren mantener; a través de la mercadotecnia.

Y a su vez necesita que:

3.   Para liderar al público objetivo hay que proyectar un fuerte plan de negocios, y es innegable tener un fuerte conocimiento del proceso de administración estratégica, para obtener su lealtad con el carácter que los guía y al que sienten que pertenecen; a través de la administración.

Lo que deja al descubierto que en todo proceso de negocios y para su buen funcionamiento, es necesario el desarrollo de la administración, la mercadotecnia y el diseño, como las tres disciplinas que plantean los argumentos para ganar en los negocios, pues trabajando conjuntamente pueden lograr un correcto desempeño y una óptima proyección al más alto nivel de negocios, si son tratadas de manera adecuada. Como lo sugiere el estudio realizado por Artiux (2016). Lo que significa que, la administración se proyecta en el plan de negocios para ser *comprendida* como el *carácter* de la empresa que ofrece presencia y *confianza* a la audiencia a través de su *imagen corporativa*, que es *construida* como referencia de su *observación*. La mercadotecnia se proyecta en el estudio de mercado para ser *compasiva* con el público objetivo formando el *amor* que da maleabilidad y *seguridad* a la empresa y a su mercado meta a través de la *marca*, que es *compartida* para quedar en su *memoria*. Y el diseño se proyecta en el briefing para ser *transformado* como la *actitud* que proporciona la satisfacción y *certeza* que exige el consumidor a la empresa a través del *diseño de producto*, que es *convertido* en lo que guarda como su *experiencia*.

Así que retomando de los antecedentes la importancia de los estudios mencionados, los cuales sirven para atender sus evidencias como piezas para habilitar y asegurar la verdadera fuerza diferencial que detona ganar en los negocios, y respecto a su relación con el desarrollo del Tequila Sunrise para Negocios; es loable definir su allegada naturaleza con la presente propuesta, que existe en:

1.   Aumentar el interés en el diseño e incorporarlo como proceso de negocios a sus empresas por parte de los pequeños empresarios para que el gran interés y compromiso que los empresarios muestren hacia el diseño sea una de las principales causas del éxito del diseño en este tipo de

empresas, como lo indica el estudio de Bruce, Cooper, & Vazquez (1999). Que por ende activará todas las funciones que se relacionan con el proceso de administración de proyectos de diseño, deberán obtener resultados de mercadotecnia y mejorará los efectos de su plan de negocios para hacer trabajar correctamente a una empresa.

2. Aumentar el conocimiento en los diseñadores sobre cómo las Micro, Pequeñas y Medianas Empresas administran y aprovechan el diseño, conociendo el compromiso y entendimiento del diseño por parte de los gerentes con el fin de que cada proyecto de diseño se realice de manera profesional, como lo menciona el estudio de Iduarte & Zarza (2004). Al acercarse y ofrecer sus servicios profesionales de diseño, propiciando que los micro, pequeños y medianos empresarios conozcan el verdadero valor del diseño, se concienticen del impacto comercial que puede generar la inversión en diseño y lo adopten como proceso dentro de sus empresas. Esto provocará que se incorpore el diseño correctamente, se active un plan de mercadotecnia y funcione completa su administración.

3. Tener presente cómo es concebido el diseño, esto es, al conjunto de atributos tangibles de un producto que están relacionados con un sentido de pertenencia y autosatisfacción, pues inciden en la elección de un individuo al momento de realizar la compra, ya que sus preferencias se inclinan por las características estéticas y su variable necesidad está definida por la calidad; así como con qué se relacionan los motivos que los consumidores tienen en mente al momento de la compra, y es con un razonamiento valor-precio basados en aspectos subjetivos, esto es, con un valor añadido simbólico de índole afectiva emocional, a través de los estímulos, sentimientos y simbolismos que el diseño comunica, según lo sugiere el estudio de Guijosa & Frías (2006). Que en su conjunto son los elementos que deben ser tomados en cuenta en el estudio de mercado y de mano directa de la muestra que represente al consumidor final, para tener los elementos que nos permitan concebir un buen briefing y el diseño de un producto.

4. Aprovechar el nuevo modelo mental que ahora propone el consumidor que permite identificar los beneficios emocionales que promueven e inciden en los hábitos de consumo, y estos se derivan de profundas necesidades de reinvención, dominio, seguridad y conexión, que argumenta el estudio de Saatchi & Saatchi X mencionado por Lecinski (2011). Pues hoy en día, los compradores desean explorar para obtener la

información que necesitan, analizar de qué forma los productos pueden mejorar su calidad de vida, y se motivan a la interacción global las 24/7 con otras personas para fortalecer sus relaciones mientras obtienen información. Impulsados por el deseo de asumir la responsabilidad de su propia identidad y del bienestar de sus familias y hogares. Creando el crucial momento cero de la verdad (ZMOT), en el que los clientes se llevarán la primera impresión de un producto y muy posiblemente tomarán la decisión final, lo que permite ganar en el día a día, e incidirá en el éxito o el fracaso de casi todas las marcas en el mundo. Ya que está directamente relacionado con la correcta recolección de datos del estudio de mercado en tiempo real y con ello, su adecuada traducción al briefing para la realización de un proyecto de diseño, que proyecte un mejor producto, y repercuta en gran medida en surtir efecto en la mente del consumidor y en generar la decisión al momento de la de compra.

En todo esto, salta a relucir que el Tequila Sunrise para Negocios tiene su efecto aquí, cuando sube y amanece en la mente del consumidor, como estrategia que asegura una fuerza diferencial para conseguir tus objetivos, ganar lo que quieres alcanzar y obtener el éxito en tus negocios.

Así es que el poder del tequila proyecta el enérgico carácter de la estructura de tu compañía, la armonía del jugo de naranja refleja el amor agridulce de su maleabilidad en el mercado y la contundencia de la granadina detona la dulce actitud de sus resultados en el consumidor.

En conjunto con el carácter, el amor y la actitud, tu compañía adquiere una cosa: el Sunrise:

Cuando provocas enamorar al consumidor, sigues y haces seguir la evidencia del éxito

Concepto básico: Las principales disciplinas de una organización, bien utilizadas conforman el éxito de la compañía y mantienen el mismo objetivo en común para crear ventajas competitivas en la estrategia de negocios.

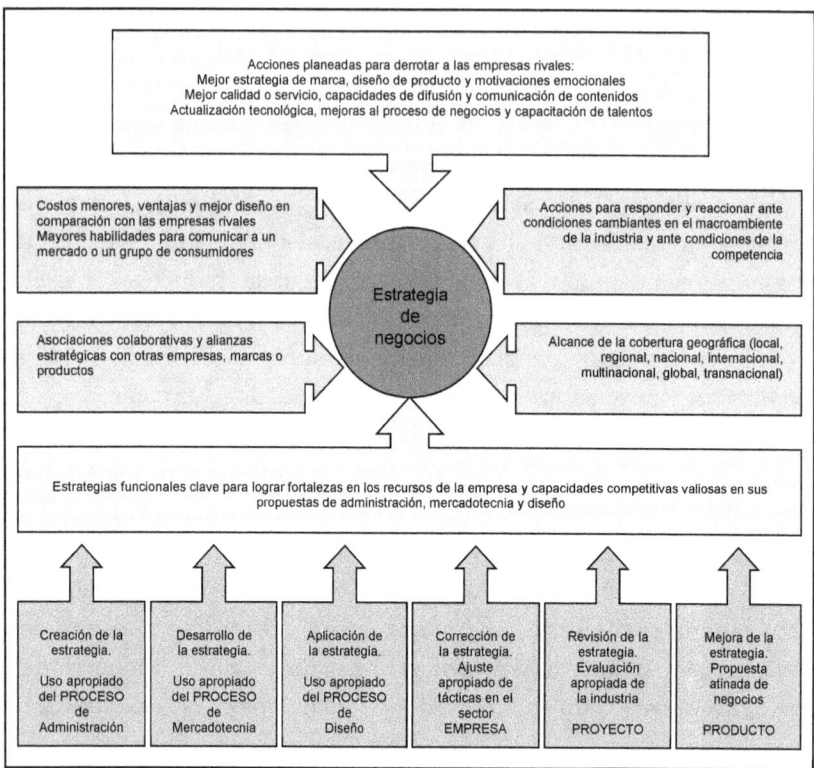

Esfuerzos para crear una ventaja competitiva. Adaptado de: Thompson, Arthur; Strickland, A. J. *Administración estratégica. Conceptos y casos.* USA: Mc Graw Hill, 2004. 398 pp. p. 56.

Cuando amanece en los negocios
Consiguiendo el Efecto Sunrise

El valor de una idea radica en el uso de la misma
THOMAS ALVA EDISON
Inventor y empresario estadounidense

Según Fuentes (2013) el responsable de encumbrar una marca debe cumplir la misión de llegar mejor a la mente del consumidor para facturar más que la competencia. Reflexión que simplifica en Don Draper, el personaje ficticio de la agencia publicitaria neoyorquina Sterling Cooper, en la serie de televisión Mad Men, de quien rescata la frase: «Lo mío es venderle crema de manos a las señoras. Del humo que se encarguen los bomberos». Un razonamiento inspirado en genios reales como Draper Daniels, creador de la campaña Marlboro Man; o Rosser Reeves, impulsor del nombre Colgate. Menciona que la fórmula de estos precursores de la publicidad y la mercadotecnia, converge en la famosa mezcla de las cuatro P's (Precio, Producto, Promoción y Plaza), elementos que, combinados racionalmente, aportan solidez y permanencia a una marca.

Lecinski (2011) como vicepresidente de ventas de Google en Estados Unidos, describe el surgimiento del nuevo enfoque del marketing. Menciona que fue A.G. Lafley, de Procter & Gamble quien denominó el 'Primer momento de la verdad' (FMOT), la importancia de los siete segundos que transcurren desde de que un comprador se ubica en un anaquel lleno, mira las opciones y decide cuál comprar. El 'Segundo momento de la verdad' (SMOT), es cuando vuelve a comprarlas convencido de que satisface sus expectativas. Pero existe otro, que es previo y maquina antes de llegar a la tienda, es el 'Momento Cero de la Verdad' (ZMOT). Esta nueva etapa decisiva se incorporó al clásico proceso de tres pasos: estímulo, compra y experiencia. Pues los compradores comparten entre sí la información que han obtenido sobre los productos, a su manera y a su propio ritmo, pasando del mensaje a la interacción.

De acuerdo con Cohen (2013) Presidente de Riverside Marketing Strategies, cada organización debe entender y tratar con cada uno de los momentos de la verdad para construir y mantener relaciones con los clientes tanto actuales y potenciales, con el fin de proporcionar un útil marketing de contenidos y la participación de medios sociales.

Enmarca los tres Momentos de la Verdad mencionados y destaca los puntos donde hay que poner atención para ser más efectivo:

Previo a cualquier momento de la verdad toma relevancia inicial el Estímulo, que reúne tanto el instante crítico que proyecta los contenidos depurados, como el producto indispensable que promete los atributos emocionales que se ha diseñado para nacer una necesidad. Y en escalada hace suceder uno a uno los momentos de la verdad.

1.   Momento Cero de la Verdad (ZMOT, acuñado por Google): Existe cuando el prospecto reconoce una necesidad y consulta en línea para recopilar información sobre una compra potencial de una amplia gama de bienes y servicios, incluyendo las reuniones cara a cara.

En el que es necesario el marketing de contenidos. Jay Baer, orador y autor de marketing llama a esta 'información de autoservicio' desde donde el prospecto la busca y utiliza por su cuenta. Entre las opciones se encuentran:

- Artículos de Blog que responden a las preguntas de los clientes.
- Videos de YouTube que muestren cómo utilizar tu producto.
- Imágenes de Pinterest e Instagram.
- Presentaciones de Slideshare.

Compromiso en medios sociales: Si bien es difícil proyectar cuando un prospecto específico está en este momento de la verdad, se debe aprovechar el poder de su presencia en las redes sociales a través de lugares para proporcionar información sobre los productos y responder a sus preguntas.

2.   Primer Momento de la Verdad (FMOT, acuñado por P&G): Cuando se enfrenta con el producto real y sus alternativas relacionadas. Por el comportamiento en anaquel se considera que es el punto de decisión para comprar una marca o producto específico.

En el que es necesario el marketing de contenidos. Entiéndase que en este punto, un prospecto está a más de la mitad del camino para la toma de decisión de compra. Donde hay que atender:

- Oferta de productos específicos, incluyendo la disponibilidad de productos, precios e información de envío.

Compromiso en medios sociales: En esta fase los clientes se acercan a comprar; están buscando respuestas a preguntas específicas. Si no se las proporcionas, otros en su red incluyendo tus competidores, lo harán. Las opciones clave en redes sociales son Facebook y Twitter. Asegúrate de tener ventas y/o representantes de servicio al cliente presente. También incluye tu dirección física, número de teléfono y contactos de correo electrónico en tus perfiles de redes sociales.

3. Segundo Momento de la Verdad (SMOT, acuñado por P&G): Ocurre después de que el cliente ha comprado y comienza a utilizar tu marca o producto. La experiencia resultante debe apoyar tus promesas pre-compra, ayudando a construir una relación con tu público. El reto para muchos es dejar de proporcionar el formato de contenido de marketing de post-venta. Al hacer esto, se pierde de golpe el potencial de convertir un cliente en un admirador.

En el que es necesario el marketing de contenidos. Proporciona información objetiva que ayude a los clientes a utilizar tus productos, a regresarlos o arreglarlos. Piensa en mostrarles cómo usar tus productos.

- Distribuir videos instructivos y guías de usuario.
- Ofrecer pautas y recetas en su caso.
- Proporcionar o participar en foros de usuarios para apoyar a los clientes.

Compromiso en medios sociales: Estar disponible para responder a preguntas de los clientes.

Cohen, menciona que existe otro momento:

4. Tercer Momento de la Verdad (TMOT, agrega que lo acuñó Pete Blackshaw ex P&G): Sucede post- uso del producto. Es cuando el cliente se convierte en un verdadero fan y se forma opiniones que le regresarán a tu marca nuevos contenidos: recomendaciones, calificaciones y comentarios. En este punto, el cliente se ha convertido en un aval que camina para tu negocio. Para asegurar que este tercer momento de la verdad funcione para tu organización, debes estar dispuesto a empujar a tus clientes a actuar animándoles a volver a tu sitio web, perfil de red social u otro sitio a comentar o contribuir contenidos de soporte. Además, aunque no puedas borrar comentarios negativos que no te gusten de ellos, debes responderles y cambiar su comportamiento.

En el que es necesario el marketing de contenidos. Comunicaciones dirigidas posteriores a la compra. Aprovecha esta oportunidad para asegurar que los clientes están contentos con tu producto.

Compromiso en medios sociales: Esto implica una combinación de las calificaciones y comentarios de clientes, así como compartir sus experiencias relacionadas al producto a través de una variedad de plataformas como Facebook, Twitter, Instagram, Pinterest y YouTube. También incluye las plataformas que no siempre se consideran medios de comunicación social como Amazon (el abuelo de las calificaciones y comentarios), Yelp y TripAdvisor.

En este sentido, sacando el mejor provecho de los tres ingredientes clásicos del Tequila Sunrise para Negocios y todos sus elementos, debes enfocar por completo su gran potencial en el comprador, invitándole a impregnarse del Sunrise desde el Estímulo para que tu afinada coherencia de contenidos en redes sociales logre que en algún momento dentro del ZMOT se consiga la subida del Efecto Sunrise en su mente, al darse cuenta que un producto porta todas las características diferenciales que él desea asumir para vivirlas y compartirlas, y así prevalezca a partir de ahí y durante todos los momentos de la verdad.

Solo de esta manera, la correcta combinación del Tequila Sunrise para Negocios provocará:

1. La completa alineación de los objetivos de la compañía:

Que estarán reflejados en el diseño de tu producto, donde es importante entender al Estímulo como un instante, que es detonador inicial y necesario para que funcionen los MOT cuando tu producto se presenta, y que crea promesas en la mente del prospecto quien las toma como referencia y este desea consultarlas; ya que es a través de recibir el Estímulo que se puede entender cuándo los objetivos de la empresa empiezan a proyectar el cumplimiento a las necesidades que desea satisfacer al consumidor, por tanto el Estímulo por sí, es el instante en que presentas y la forma en que se da a conocer tu producto para que aparezca y se mantenga el mayor tiempo posible en su mente y se fortalezca en los MOT. El diseño de producto y los contenidos audiovisuales que lo conforman, son en gran medida los que mantienen ese compromiso en los MOT.

2. Un proyecto sólidamente construido y bien articulado:

Conformado desde el estudio de mercado, traducido por el brief hacia su propósito y nivel del proyecto y basado en las opiniones que contienen las exigencias del consumidor. Que debe ser fortalecido mediante el diseño de producto, la razón de ser de la marca y el tono de comunicación de contenidos audiovisuales ante el consumidor. A modo de desarrollar una atmósfera congruente entre los atributos del producto y las necesidades que el prospecto quiere satisfacer, para subir esos atributos emotivamente en su mente acompañándolo en cada uno de los momentos de la verdad.

3. Un producto apropiado con cualidades compartidas:

Que convenza tanto por sus atributos como por el cumplimiento de su promesa central, donde la realidad que proyecta el producto sea la percepción que tiene el prospecto sobre lo que él espera para aumentar su calidad de vida. Resultado de una adecuada dirección del producto a su encuentro cara a cara con el público objetivo hacia la toma de decisión de compra, con la intención de convertirlo en consumidor y con la premisa de lograr ser la única cosa que busca obtener en todos los momentos de la verdad: un producto con carácter fiel, que genere sentimientos de valor de marca y aumente su vínculo emocional, para que al porte asuma sus cualidades como propias.

De este modo, se puede visualizar el panorama completo que el Tequila Sunrise para Negocios plantea, y así poder converger su correcta utilización hacia los momentos críticos de la verdad, basado en su efecto.

Es a partir del lanzamiento, cuando se genera el estímulo (E), desde donde comienza a surtir efecto el resultado del Sunrise, que trata de comprender el momento inicial en que suben y bajan los atributos valiosos de una marca en la mente del prospecto, provocando se sumerja a consultar en la esfera del ZMOT, para conseguir convertirlo en tu consumidor frente la competencia (FMOT), buscando obtener una experiencia satisfactoria (SMOT) y además lo convierta en un verdadero fan (TMOT); para al usarlo, hacerlo volver por el otro lado de la esfera del SMOT, consiguiendo disfrutar una vez más la compra en el FMOT, y con el Sunrise arriba avalándolo libremente ahora desde el ZMOT.

En otras palabras, la manera en que se debe preparar el Sunrise es para estar presente dentro de la mente de un prospecto desde el momento del estímulo, en el transcurso de toda la interacción y especialmente cuando ellos deseen establecerla, para que no solo pueda convertirse, sino convertir a más personas en un ferviente consumidor. Las mejores marcas son las que ganan en esos momentos cruciales de la verdad.

Una mala aplicación del Tequila Sunrise para Negocios, determinará un mal resultado del proyecto y no causará el efecto requerido para ganar en todos los momentos de la verdad. El Tequila Sunrise para Negocios bien combinado logrará en la marca y el producto el efecto Sunrise para funcionar en todos los momentos de la verdad. Por lo tanto un buen resultado del proyecto como cada uno de los momentos de la verdad, se servirán entre sí de apoyo.

Una marca o producto es la referencia material y cada momento es una esfera de la realidad a la que entra cada prospecto o consumidor para encontrar las profundas necesidades de asumir: el comando de su vida con el carácter, el convencimiento de sus acciones a través del amor y la transformación de su realidad con la actitud que busca, hasta que una marca se los otorga en un determinado producto y un contenido fiel a través de su adecuada combinación, causando el efecto apropiado que ve subir en su mente, para elegirlo y extenderlo a las redes sociales.

El Efecto Sunrise comienza cuando aborda el Estímulo y se mantiene en cada momento de la verdad, y se consigue cuando se eleva en el ZMOT en la mente del consumidor.

Concepto básico: Es un sistema que debe ser eficiente durante todo el efecto que acompaña a los momentos de la verdad, los que juntos hacen ganar a las mejores marcas.

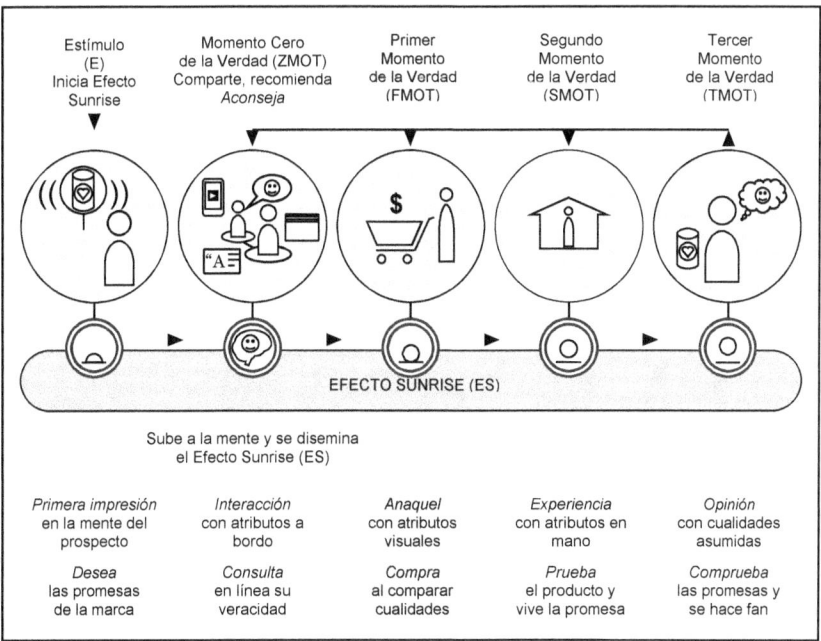

Estímulo (E) Inicia Efecto Sunrise	Momento Cero de la Verdad (ZMOT) Comparte, recomienda *Aconseja*	Primer Momento de la Verdad (FMOT)	Segundo Momento de la Verdad (SMOT)	Tercer Momento de la Verdad (TMOT)

EFECTO SUNRISE (ES)

Sube a la mente y se disemina
el Efecto Sunrise (ES)

Primera impresión en la mente del prospecto	*Interacción* con atributos a bordo	*Anaquel* con atributos visuales	*Experiencia* con atributos en mano	*Opinión* con cualidades asumidas
Desea las promesas de la marca	*Consulta* en línea su veracidad	*Compra* al comparar cualidades	*Prueba* el producto y vive la promesa	*Comprueba* las promesas y se hace fan

El modelo mental de compra. Adaptado de: Lecinski, Jim. *Ganando el Momento Cero de la Verdad.* Illinois: Google Inc., 2011. pp. 16-17. Y de: http://heidicohen.com/marketing-the-4-moments-of-truth-chart/#sthash.qaOHhTYb.dpuf

Logra tu experiencia Tequila Sunrise para Negocios
Que comience la fiesta

No te limites. Puedes llegar tan lejos como tu mente lo permita. Recuerda, lo que creas lo puedes lograr
MARY KAY ASH
Empresaria estadounidense

La recomendación para echar a andar los principales ingredientes y conseguir la experiencia del Tequila Sunrise para Negocios, sea como emprendimiento o compañía funcionando, es desarrollar las disciplinas que lo sustentan desde la base, se trata de generar una completa renovación.

El preparar éste cóctel requiere estar a la altura que necesita la sólida postura de la compañía, los rápidos cambios del mercado y las nuevas exigencias del consumidor. Para ello, pon atención en desarrollar sus clásicos ingredientes que deben ser cuidadosamente seleccionados:

1.   El tequila:

Ingrediente que corresponde a la administración. Es el que representa con eficacia la solidez que requiere tu compañía. Y como el soporte que necesita tener amplias y únicas cualidades para siempre permanecer en pie, desde tu lugar de operaciones debes observar los movimientos del sector donde te plantas con el plan para contender junto a quienes están utilizando la perfecta combinación, y mantenerte firme. Consigue que tu compañía logre fuerte presencia, ya que desde tu arranque y tu posición será observada por un público que está deseoso de encontrar una estructura que lo pueda cobijar como a él le gusta, y se hace con el Tequila del Sunrise.

El servido del licor, como la primera disciplina que entra en acción, cimienta las bases organizativas iniciales de todo negocio, desde donde se desarrolla:

a)   El proceso de administración estratégica.

b)   Y el uso del análisis FODA: Equilibrar los ambientes, interno según los objetivos de la organización y externo al proponer su estrategia en el sector de competitividad, de una forma adecuada, con el enfoque de «todo depende de».

Cada empresa, debe presentar su proceso de administración estratégica con el desarrollo de su misión, visión, filosofía y objetivos, los respalda el nombre de su firma, su identidad corporativa y sus colores corporativos, su sitio web debe reflejar una reafirmación general de ello, que deben ser lo más homogéneos entre sí para que lleguen con efectividad a su público objetivo; esa es su proyección. Y su portafolio debe mostrar su técnica y su trayectoria que elevan su categoría en el mercado, es la forma característica de obtener mejor posicionamiento que su competencia dentro del sector; esa es su estrategia.

2.   La naranja:

Ingrediente que corresponde a la mercadotecnia. Es el que representa con eficacia la maleabilidad que requiere tu compañía. Y como el enlace que necesita tener amplias y únicas cualidades para siempre adaptarse a los cambios de consumo, desde tu lugar de operaciones debes observar los movimientos del mercado donde te plantas para conocer al segmento al que vas a aplicar tu estudio y tenlo en la mira. Elige bien y aborda al público representativo que es congruente a los fines que persigues alcanzar, ya que estarás observado por ese, el segmento del que vas a obtener las impresiones más valiosas, depende de una certera proyección del estudio en el contacto, para dar en el blanco mental del que se puede extraer la información que los consumidores desean desahogar para obtener lo que les gusta exigir, y se hace con la Naranja del Sunrise.

El servido de jugo, como la segunda disciplina que se activa, fortalece las variadas conexiones que darán movilidad hacia los mercados, para echar a andar:

a)   El proceso de administración de mercadotecnia.

b)   Y la mezcla de mercadotecnia: El uso de las 4 P's para el análisis de la situación y el diseño de estrategias para alcanzar los objetivos rentables de la organización y satisfacer las necesidades reales del consumidor.

Cada empresa debe sostener su proceso de administración de mercadotecnia en la planeación de comercialización de sus servicios, un alto desarrollo del equilibrio costo-satisfacción y una detallada dirección de la mezcla de mercadotecnia hacia un volumen satisfactorio, como vínculo entre empresa-consumidor; esa es su ventaja. Su planificación de mercado debe basarse en el estudio de sus posibilidades y en la conversión del contexto a contenidos, conducidos hacia la base para ganar, o sea al consumidor, en la manera congruente de trasladar la destreza de maravillar a un mercado en su ambiente de movilidad; ahí está su competitividad.

3.   La granadina:

Ingrediente que corresponde al diseño. Es el que representa con eficacia el impacto que requiere tu compañía. Y como el detonador que necesita tener amplias y únicas cualidades para siempre portar lo que busca ser el prospecto, desde tu lugar de operaciones para el brief, debes observar sus movimientos en internet para introducirte en quienes están interactuando en su incesante búsqueda de valoración y mantente presente. Conecta con sus principios y sé congruente con los argumentos que exige, ya que cada uno de ellos te observa y representa a todos los convertidos en comprador, y que están a punto de convertirse en el aval que recomiende y disemine sus profundas necesidades de obtener las cualidades de lo que has creado, una comunicación global que cumple sus promesas y los agrega como parte de ellos, y se hace con la Granadina del Sunrise.

El servido de jarabe, como la tercera disciplina que se pone en marcha, precipita los planes por representar a través de la comunicación de imágenes hacia el consumidor final, e impele:

a)   El proceso de administración de proyectos de diseño.

b)   Y el uso correcto del brief o requerimientos de diseño: La habilidad para definir a los empresarios y a los integrantes de la compañía todos los objetivos y requerimientos del proyecto.

Cada empresa, debe ser consciente de su proceso de administración de proyectos de diseño, basada en el cumplimiento de sus objetivos, el desarrollo del proyecto enfatizando la importancia del uso del brief, y el análisis general de sus resultados, involucrando a todas las personas que intervienen en el proyecto respecto a las exigencias del consumidor; esa es su diferenciación. La característica del diseño es ser funcional y estético, capturar la esencia de los deseos que generan lealtad en el consumidor y adaptarlos a un contexto familiar a él y su vida, es el modo de emocionar a un consumidor dentro de su esfera contextual; esa es su innovación.

Cuando una compañía impacta dentro de su sector de competitividad (su entidad), provoca ajustes en su ambiente de movilidad (su industria) y efectos en sus esferas de contextualidad (su preferencia); es porque sustenta la aplicación de las tres principales disciplinas que mueven sus negocios, al aplicarlas en su secuencia lógica a partir de la proyección de su proceso dominante, esto es, que dependiendo del proceso del que arranque un proyecto de negocios se visualiza el panorama de los otros dos procesos que por consecuencia toman su lugar correspondiente, las que adoptan funciones organizacionales en las que destacan las actividades más importantes que una empresa requiere: hacia su sector, su ambiente y su contexto.

Dentro del desarrollo de estas disciplinas, es importante como segundo paso establecer una conducta determinante que se propague como parámetro de toda la empresa:

1. Al formular una consistente distribución de la administración en el funcionamiento de su estructura.

Cimentada en la administración estratégica, de modo que demuestre un gran control de sus habilidades y gran presencia de sus fortalezas hacia el pensamiento de su contexto, con el objetivo de llegar a clientes de clase mundial sea trabajando para corporativos o promoviendo sus propios productos. Convenciendo como firma a la mayor cantidad de público de un determinado segmento del mercado, con intención de extenderse a nivel global.

2. Al conducir un esfuerzo coherente de mercadotecnia en el planteamiento de su dinamismo.

Sustentado en la mercadotecnia estratégica de manera que traslade un alto convencimiento de las experiencias placenteras que dan dinamismo a los sentimientos a través de las historias contadas, con la intención de lograr un enlace entre la identidad de la firma, la marca y el consumidor mediante acercamientos contenidos de valor. Actividad que debe realizar con medios directos y específicos.

3. Al presentar una diferenciadora propuesta de diseño en congruencia con su comunicación.

Enfocada en mejoras a la imagen de los productos y servicios que muestran sus aspectos estéticos y funcionales de índole afectiva-emocional con el propósito de compartir los atributos tangibles que dan sentido de pertenencia y autosatisfacción y logren llenar sus profundas necesidades de reinvención, dominio, seguridad y conexión mediante el contacto directo con las exigencias del consumidor.

De este modo, la indagación profunda en cada desarrollo define una determinada intensidad en el resultado de negocios, que conducirá como tercer paso, a la constante exigencia de talento aplicado para potenciar la diversidad propositiva que demande cada nuevo proyecto, donde se deberá poner atención en:

1.   El desempeño estratégico del proyecto:

Destacando en la compañía un importante desarrollo de sus metas corporativas mediante las que expandan sus actividades de negocio sobre las áreas de desempeño en las que están más enfocadas, y apoyados en eso, dejar una marcada evidencia de ellos en cada proyecto específicamente en las habilidades con que fueron dirigidos (la aplicación de estrategias), en la construcción de su desempeño completo (la aplicación de competencias) y en el efecto de los resultados finales (la aplicación de innovaciones), mismos elementos que son reflejo de su visión y misión, en coherencia con el importante rol que juegan en el mercado y con el buen uso su su propio proceso de diseño. El desarrollo de briefing es de suma importancia en su adaptación a los cambios de obtención de información sin importar el tipo de proyecto.

2.   El análisis competitivo del ambiente:

Cada compañía debe mostrar gran atención a los cambios de consumo que pudiera generar los resultados de la marca o producto diseñado. Su análisis agregará las competencias pertinentes y disminuirá las no necesarias bajo las condiciones del brief, analiza también la dosis de los ingredientes del Sunrise para Negocios que fueron implementados al proyecto. Sea para nuevos lanzamientos, cuando requieran una renovación, o en la incorporación de nuevos elementos de comunicación, estas herramientas juegan un papel importante primero para identificar la mejor solución a sus requerimientos y después para comprobar que tan exitosa fue esa elección. Cada producto posee determinadas cualidades que deben ser renovadas, el hecho de superarlas las hace competir con nuevos bríos cada vez más adaptadas a su contexto.

3.   Las innovaciones aplicadas a los productos:

Las innovaciones son una importante herramienta para los productos y servicios como un gran atractivo para el consumidor. Aunque las necesidades de cada producto son muy variadas y además suelen estar dirigidas a diferentes segmentos de mercado, solo aquellos cambios pertinentes en los productos son los que los ayudan a competir, aspecto que evidencia que por pequeño o grande que sea un cambio existe detrás un estudio que respalda su efectividad y porqué a veces los proyectos duran meses. Las innovaciones aplicadas permitirán destacar cómo satisfacen las preferencias del consumidor.

Sin importar la especialización en alguna de las áreas de desempeño del diseño, en cualquier tipo de compañía se deben emplear los tres desempeños mencionados de la forma más adecuada a partir de la situación de renovación de un producto, esto es, que dependiendo de los perfeccionamientos que requiera cada marca es que adquiere sentido la aplicación de la estrategia, la innovación y la competitividad así como su grado de desempeño en cada producto.

Y así es que como cuarto paso se requieren de un alto grado de profesionalismo:

1.   Poniendo en marcha las estrategias:

a)   Directivas, que comandan la correcta trayectoria del proyecto de diseño en la compañía.

b)   De comunicación, que intensifican las oportunidades del producto en el mercado.

c)   Visuales, que permiten la asociación mental de lo estético-funcional-emocional atractivas para el consumidor.

2.   Dotando de competitividad en:

a)   La forma en que se administra la conducta empresarial para realizar el proyecto, conservar un cliente e impactar al consumidor para fortalecerse en el mercado.

b)   La habilidad de manejar la mercadotecnia para conseguir el proyecto, dotarlo de capacidades que lo posicionen en el mercado y lograr sus efectos en el consumidor.

c)   La perspicacia en el uso del diseño para formular atmósferas emocionales que provoquen el cambio y para afrontar con los cambios conseguidos las tendencias del mercado que exige el consumidor.

3.   Acompañando oportunamente de innovaciones:

a)   En la administración, pues permiten hacer surgir mejores métodos para la eficiencia y eficacia del negocio.

b)   En la mercadotecnia, cuando formulan las condiciones más atractivas para la comunicación global en torno al proyecto.

c)   En el diseño, en función de nuevas connotaciones que no están presentes y serán características únicas del producto.

Concepto básico: El proceso de administración de proyectos de negocios requiere el trabajo conjunto de la administración, la mercadotecnia y el diseño. Como fuerzas estratégicas, ventajas competitivas e innovaciones diferenciales a nivel corporativo, directivo, funcional y operativo.

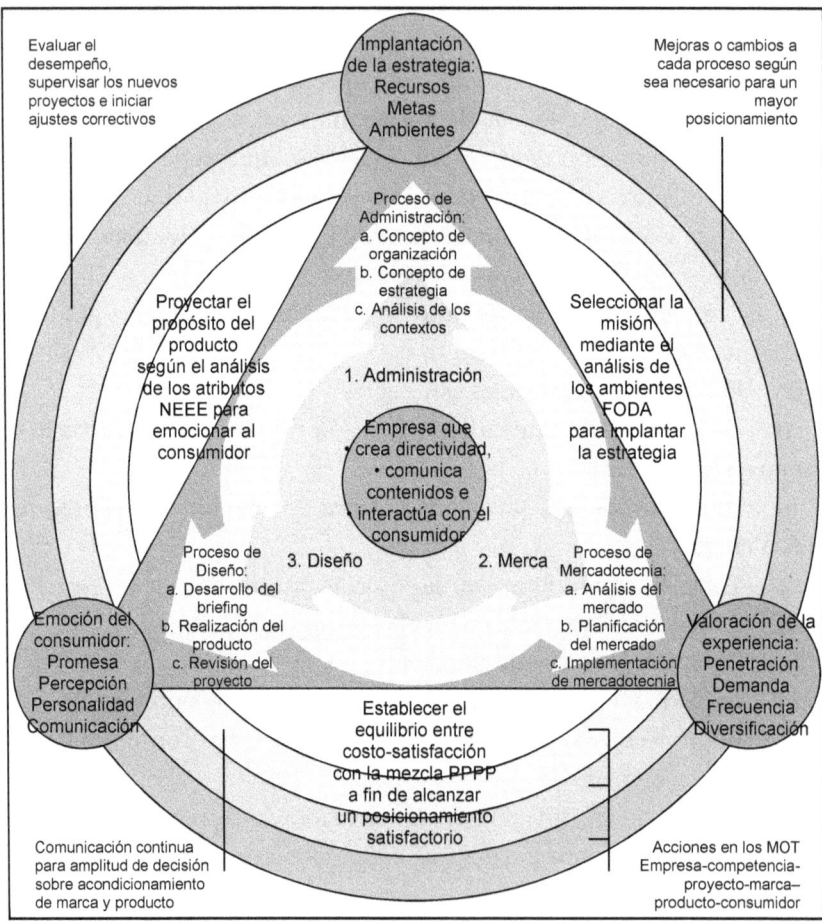

Los tres procesos de gestión en la empresa. Son funciones cíclicas de la administración de negocios para alcanzar los objetivos propuestos.

Un mordisco al decorado
La naranja y la cereza

La cuestión no es si es posible. Hoy la pregunta clave es,
¿Te decidirás a hacerlo?
SETH GODIN
Autor, empresario, vendedor y conferencista estadounidense

El decorado tiene la gran función de ser de tu agrado a la primera vista, acompañar una placentera degustación del cóctel y deleitar tu paladar cuando al final lo pruebes; esas tres formas sirven para que en general identifiques al cóctel y quede grabado en tu mente como una exclusiva experiencia. Esa vivencia que te regocija, se vuelve inolvidable en tu mente cuando después de disfrutar sus sabores llegas a dar el bocado final que cierra con broche de oro tu realidad personalizada, que en resumen, te narra todo el recuerdo que tienes del contenido desde que viste su presentación inicial, cuando lo ingeriste completamente y hasta que sentiste su efecto para hacerlo parte de ti apropiándotelo con un mordisco dado a la vida.

Así es que quiero que tengas presente este resumen para comenzar tu propia combinación.

Recuerda, para desarrollar plenamente el Tequila Sunrise para Negocios debes concentrar todos los elementos que requiere y servir los ingredientes en el orden correcto, de esa manera tendrás a la mano los argumentos para controlar la preparación y su efecto. Hasta aquí, tu fiesta apenas comienza.

A continuación, conocerás la descripción del mordisco que requieres mantener consciente, es un repaso al Tequila Sunrise para Negocios, la idea de ello es asimilar los principales componentes que debes tener en mente para hacer funcionar todo lo que necesita el cóctel, te sugiero enfáticamente poner atención al extracto para poder asimilar todo el desarrollo efectivamente y hacer de tus negocios el escenario más paradisíaco y duradero por disfrutar.

1. El vaso:

Empecemos por dejar claro que para lograr el negocio que te imagines, primero necesitas tener un lugar desde donde desarrollarás los procesos que rigen la ideología de tus negocios. Ese lugar debe reflejar la solidez con que te plantas en un sector y la seguridad con la que te extiendes al mundo.

El vaso es el contenedor de toda tu «estructura profesional de negocios»; es el capital material e intelectual, o sea, tus instalaciones físicas y tu más selecto personal con los que vas a lograr todos tus movimientos y conseguir lo que deseas alcanzar. Y como soporte donde debes verter los ingredientes para desarrollar sus mejores aspectos, necesita tener unas amplias y únicas cualidades para recibir el combinado, contener la dosis correcta, y compartir su efecto dentro y fuera de él, debe ser suficientemente grande con el fin de estar preparado para todas las actividades que generará en su interior y estar especialmente distribuido para contener un correcto flujo de trabajo. Por ello prepárate con el vaso adecuado que es el cuerpo de tus negocios, donde tu capital pondrá en acción tu «plan de negocios».

Tu vaso es la estructura física de tu compañía que tiene presencia desde su ubicación y representa a tu compañía a donde sea que te presentes, debe ser el adecuado, portentoso y transparentemente visible.

2. Los hielos:

Así llegamos al hielo, que es la intención de negocios de querer ganar y hacer ganar, que diriges hasta el consumidor. Intención que surge desde el alto mando y se engrandece en su trayecto al ir moldeando característicamente las habilidades con que cuentas en cada ingrediente. A cada instante que realizas tus correspondientes actividades, colaboras con hacer trabajar esa intención, que se comparte entre todo el equipo a través de la línea de flujo de producción intelectual y que va formando un cúmulo uniforme de partículas que se compenetran como parte del cóctel al ir enfriando la mezcla hasta llegar a la realización material.

El hielo tiene largos alcances pues debe ser lo suficientemente capaz de extenderse a aquellos quienes la complementarán, al «segmento representativo» a través del «estudio de mercado»; construirá los escenarios a los que quieres llegar y la forma imparable con que afrontes tu realidad.

El temple que otorga la intención siempre se reflejará en «tu fiel consumidor» que contienen la mezcla de la acción elaborada y dirigida por tu estructura profesional, con la reacción solicitada y ahora a la expectativa de tu segmento representativo. Cúmulo que debe ser ahora especialmente bien traducido superando ambas expectativas para que culminen en el correcto enfriamiento del combinado.

Tus hielos son la intención que otorgas a cada uno de los elementos que desarrollas en tu compañía, y que especialmente está plasmada en la traducción de «los requerimientos de diseño» como el reflejo de querer ganar que se dirige al consumidor y se recoge de él. Deben ser los más completos, cristalinos y fríos.

3. El tequila:

Como el primer ingrediente activo del Sunrise, debes verter la «administración» con la que tienes que crear y plasmar todos tus planes. Si es que no sabes por qué tu empresa no funciona como quieres y deseas tener todo en orden, la configuración de la misión, visión y valores que sustentan tus negocios debe cambiar para proyectarlo como una base de apoyo más fuerte. Para ello requieres un sólido «plan de negocios» que es la estructura con los objetivos de tu compañía, solo si sabes cómo está estructurada tu compañía y cómo trabaja desde sus cimientos hasta sus últimas repercusiones, es que podrás tener total control sobre lo que tienes, para construir y llegar hasta lo que quieres conseguir. No hay límites para lograr tus proyectos, puedes cambiar, mejorar y crear la administración más completa y firme que puedes imaginar, solo sabiendo. Si tú sabes qué y cómo es a detalle aquello que estas sosteniendo, entenderás qué fácil es hacer funcionar la estructura ideal necesaria en tu empresa, para plantear los objetivos corporativos y el uso de la estrategia homogéneamente dentro y fuera de tu compañía.

De esa manera logras su proyección donde interviene el análisis de sus ambientes interno y externo «FODA», con el que además de involucrar todo tu capital y talento humano, invitas a todos los participantes dentro del sector a competir, nivel en el que en primer lugar debes tomar en cuenta al público que es el espectador principal de cada movimiento que muestra tu compañía. Ahí surge el impulso *presencia-expectación*, donde el público espera recibir beneficios de lo que venda la presencia que está viendo plantarse.

Estos procesos deben desarrollar y mantener gran apoyo de tu «identidad corporativa», esta es la representación visual de tu compañía que proyecta de manera formal su conducta plantada hacia el sector y establece la mentalidad con que se dirige a su público objetivo. Diseñar tu identidad corporativa debe estar basado en el análisis de todo tu proceso estratégico, donde tu misión, visión, valores y filosofía construyen la forma de comunicación visual como verán a tu compañía y relacionarán una identidad sustentada en la fuerza del «carácter» que se proyecta.

Tu tequila debe ser la base estructural de tu compañía, representa la presencia ante el sector y tu público objetivo. El tónico de mejor casa.

4. La naranja:

Con este ingrediente activo del cóctel, deberás mostrar con qué características vas a desarrollar el producto o servicio que deseas poner en el mercado más conveniente para su consumo. Todo proyecto de negocios debe estar basado en el conocimiento de lo que exige el mercado, información fresca obtenida del público objetivo que será quien obtenga, goce y juzgue las cualidades de tu producto. El mejor conocimiento que puedes obtener para recoger sentimientos e incorporarlos a los objetivos de negocios de tu compañía es del «segmento representativo» elegido que te arrojará la primera y más fiel evidencia de primera mano, que contiene esas características solicitadas. Para ello debes aplicar un maleable «estudio de mercado», a partir de este documento conocerás los requisitos que el perfil de encuestados han creado, resultados entre los que especialmente conocerás detalles importantes que prefiere tu mercado meta sobre el producto y sus atributos. Debes conocer precisamente las maneras y momentos en los que tu mercado se siente más familiar con tu producto y además en qué punto es más susceptible de apropiárselo como suyo para que en determinado momento lo pueda disfrutar y se pueda satisfacer de este. El estudio debe conocer cómo el consumidor siente el que será tu producto.

Conocer al mercado es un punto revelador. Debes conocer para proyectar las acciones pertinentes de la dirección de mercado de tu compañía al activar las «4 P's» que permiten la interacción directa hacia el mercado meta y la obtención de su respuesta a los estímulos que inciden su satisfacción. Permeará la forma en que se debe acercar la realización del proyecto traducida en ítems y contenidos audiovisuales de la compañía al prospecto; el objetivo de la «mercadotecnia» se cumple al conservar el valioso intercambio *experiencia-satisfacción* en las renovaciones de la marca sobre las exigencias del mercado. Cuando el mercado meta consigue su primera experiencia satisfactoria como resultado del primer intercambio.

El sentido estratégico de la mercadotecnia debe moverse a través de tu marca la cuál es la representación visual que hereda en cierta parte el carácter de tu compañía y se enlaza con los sentimientos hacia el mercado meta, constituyendo sus valores y su identidad propia como marca. Es indispensable diseñar la «identidad de marca» que requerirá tu producto, en base a ella establecerás el contacto sentimental que solicita su mercado meta con lo que adquirirá un determinado precio, podrá ser objeto de una mejor promoción y se podrá situar en una plaza para su distribución, así será propicia de comunicar el «amor» que genere identidad y lealtad.

Tu naranja debe ser el enlace maleable de tu compañía, la identidad entre los objetivos y las exigencias del mercado meta. El jugo natural que concentra los sabores.

5.   La granadina:

Al verter este almíbar, debes capturar las preferencias del consumidor, y trasladarlas como los «resultados del estudio». Con ellos reflejarás las características de sus emociones, en base a su traducción y a su adaptación, tendrás a la mano todos los elementos que dotarán a tu producto con las posibilidades visuales que se alinearán a los objetivos de la compañía para conformar la personalidad y el ADN del producto. Obtendrás un resultado que comparte rasgos de la compañía y confiere la naturaleza deseable del consumidor final, la traducción de los resultados del estudio debes comunicarlos escrupulosamente. La clave está en aplicar aquello que sabes y mejorar lo que ahora conoces, de modo que empodere. Para ello tienes que hacer un correcto uso del «brief», este importante documento de redacción de los requerimientos de tu producto, es de invaluable ayuda, con el que traducirás de conceptos, en atributos funcionales, estéticos y emocionales todas las exigencias que pueda desear un consumidor, en base a su cuidadoso seguimiento podrás obtener un producto bien contextualizado que en mayor medida debe ser satisfactorio y si es posible rebasar las expectativas, para reflejarlas en el aumento en las ventas y en la recomendación del producto al ponerlo frente al consumidor.

Y para ello deberás activar el proceso de administración de proyectos de diseño, con el que se extienden los parámetros reales del proyecto con el propósito de circular el constante *efecto-emoción* en la mente del consumidor. Cuando es ya un hecho que los efectos del preparado han empezado a elevarse en la mente del prospecto como atractivo para su vida que está ocasionando esa satisfacción. Es así que en base a los objetivos de la compañía y la traducción del brief debes aplicar la estrategia de «diseño» mediante su proceso estratégico, abordando el Nivel, Entorno, Estrategia y Ejecución del proyecto «(NEEE)» hacia su renovación o continuidad, basado en la promesa y percepción del producto, nutrido con las exigencias del consumidor; para resaltar sus valores y cualidades y dotarle de personalidad propia y comunicación adecuada. Considera el análisis de los resultados.

Todo este desarrollo debe resultar en el «diseño de tu producto» que a través de adquirir sus atributos funcionales, estéticos y emocionales se constituirá como el punto focal que personifica la esencia completa de los objetivos proyectados y las características solicitadas ayudando a determinar la compra. Deberás trabajar para cumplir la promesa central del producto, mantenerte en contacto con las necesidades del prospecto y atender la percepción del producto frente a las emociones del consumidor para convertirlas en «actitud».

Tu granadina debe ser el contacto contundente de tu compañía, los atributos emocionales del producto para el consumidor. El jarabe que detona el impacto en la mente.

6.   Iniciar el Efecto Sunrise:

Lo debes conseguir al hacer que nazca la inquietud de poseer tu producto y sus atributos emocionales prometidos, en la mayor cantidad de prospectos, durante los diferentes momentos de la verdad a partir del «Estímulo», aquel que emite un ítem o contenido al contar una historia valiosa y verdadera sobre tu «producto»; es a partir de ese «instante» creado en el tiempo, que puede ser desde el lanzamiento o posteriormente, que el Efecto Sunrise debe mantenerse como emoción constante y presente dentro la mente del prospecto.

Si tu conformación del Tequila Sunrise para Negocios es correcta, indudablemente deberá ocasionar que tenga efectos duraderos en el prospecto y directos en cada momento de la verdad «iniciando el Efecto Sunrise»; será efectivo cuando permanezca fiel desde el estímulo hasta que suba a la mente del prospecto, teniendo lugar ahí dentro la salida del sol que compruebe sus atributos prometidos.

Tu efecto debe ser un catalizador para tu compañía y estremecedor para el prospecto, que apruebe en cada momento un bien, muy bien, mejor, excelente, ¡a ha!

7.   Elevar el Efecto Sunrise:

Con el Efecto Sunrise apenas abordado en la mente del prospecto, se debe conseguir su respuesta inmediata motivando a consultar en línea sobre el producto para encontrar la promesa que todavía no comprueba pero posiblemente llenará su necesidad de poseerlo, pasando uno a uno los momentos de la verdad hasta que confirme sus cualidades despertadas desde el instante en que acontece el Estímulo y a través de un aumento en sus emociones. Del «ZMOT, FMOT, SMOT, al TMOT».

Para ello cada MOT debe conservar y qué mejor aumentar la confianza del consumidor a pesar de la presencia de otros productos, hasta convencerlo de que la adquisición que hará o ha hecho es lo que esperaba y de su plena satisfacción para avalarla.

Tus MOT deben ser capaces de «elevar el Efecto Sunrise» arriba en la mente del prospecto y posterior consumidor. Deben armar una alegre convivencia al hacer catar el Sunrise a prospectos y consumidores.

8.   Diseminar el Efecto Sunrise:

Cuando finalmente el ahora consumidor del producto ha pasado por todos los momentos de la verdad satisfactoriamente y queda por completo convencido del producto y sus atributos emocionales, hechos realidad para satisfacción de su necesidad, entonces deberá convertirse en aval y pasar ahora a recomendar el mismo producto.

Para ello cuando el consumidor vuelva al ZMOT ahora debe de emitir la opinión de su experiencia con el producto y aconsejar en la interacción con un nuevo prospecto que desea consultar, y con el poder del Efecto Sunrise consumado en la mente del ahora aval, este pueda convertir a otro fiel consumidor, así, «diseminando el Efecto Sunrise».

El Efecto Sunrise debe tener la cualidad de causar una impresión única desde el primer arribo al «ZMOT» en su consulta, para ser la misma a su segunda visita, ahora para ser compartido por quien debe hacer saber, la máxima fiesta que genera probar el Tequila Sunrise para Negocios, sin saber que éste está contenido, en un producto final.

Y para tener efecto en tu empresa desarróllalo correctamente:

CLAVES:	CONTIENE:	TRASLADA A:
Vaso:	Tu estructura profesional	El plan de negocios
Hielera:	Tu segmento representativo	El estudio de mercado
Hielos:	Tu fiel consumidor	Los requerimientos de diseño
INGREDIENTE:	FORMA ACTIVA:	FORMA REPRESENTATIVA:
Tequila:	Administración (FODA)	Identidad corporativa y Empresa
Naranja:	Mercadotecnia (4 P's)	Marca y Video-contenidos
Granadina:	Diseño (NEEE)	Identidad de marca y Producto
DETONA al:	SE REFLEJA en:	SATISFACE cuando:
Iniciar el ES:	Estímulo:Momento-Producto	Introduce el Sunrise a la mente
Elevar el ES:	ZMOT-FMOT-SMOT-TMOT	Convierte en aval al consumidor
Diseminar ES:	Vuelve al ZMOT a compartir	Convierte más consumidores
SE OBTIENE COMO RESULTADO Desarrollo del Tequila Sunrise para Negocios		

Toma en cuenta que preparar adecuadamente el Tequila Sunrise para Negocios contendrá las características específicas de cada compañía, que se reflejan en la construcción congruente del diseño de producto y el Estímulo, así es que estos dos elementos contienen las cualidades del Tequila Sunrise, y son los que proyectan los beneficios emocionales para obtener el Efecto Sunrise en los cruciales momentos de la verdad (MOT), en los que el Efecto Sunrise irá subiendo uno a uno en la mente del consumidor hasta que el efecto del producto adquirido quede arriba en la mente del consumidor cuando se comprueban los beneficios emocionales que prometió el producto y finalmente sean avalados por él, provocando recomendar el producto, compartiendo a un nuevo prospecto el Efecto Sunrise ya probado, quien seguramente también lo comprobará, subirá a su mente y lo convertirá en un fiel consumidor más.

El imperativo constante siempre ha sido obtener la información del consumidor, solo que ahora sobresale primero, el momento del que se debe obtener, es a partir del ZMOT, y después queda el reto de cómo hacerlo bien, atendiendo los beneficios emocionales que suben a la mente del consumidor para incorporarlos a surtir efecto en nuevos productos que promuevan e incidan en los hábitos de consumo.

En resumen, (citado en Taylor & Shaw, 1990) «existen tres tipos de compañías, aquellas que hacen que ocurran cosas, las que vigilan que las cosas ocurran y las que se preguntan qué ocurrió». (Anónimo)

Ha sido un placer para mí haber preparado este cóctel, que te hayas acercado a la barra, y lo hayas disfrutado como antesala a la fiesta que propone la Matrix, dominar en los negocios. Ahora es momento de que lo prepares bien frío y lo pongas a tener efecto, para hacer subir el sol en la mente de tú próximo semejante, que en vez de convertirlo solo en tu consumidor sea en un colaborador más de tus negocios para que los expanda con el fin de que ganes y lo hagas ganar en el día a día para lograr lo que quieres alcanzar.

Este es el preparado de una deliciosa combinación de tres ingredientes ancestrales convertidos en clásicos, para ser eficiente y ganar en los negocios como se requiere a gran escala y atraer al consumidor del mercado internacional, que todo el mundo debería probar.

Cóctel que de ti depende dominarlo, y si te lo permites en adelante, podrás preparar con maestría y a niveles más profundos. De modo que te sirva para descubrir la forma en que puedes alcanzar lo que al final buscas en ti, obtener el Sunrise. Con lo que te sugiero lo siguiente: *En tu emoción de triunfar mira cada paso previo desde el escenario futuro y constrúyelos a tu paso.*

Ocúpate en una red
Todos somos Tequila, demuestra carácter

Me gustaría ver a alguien capaz de lograr sus sueños, y eso es lo que esta
organización hace
SERGEI BRIN
Científico informático ruso, empresario de internet y filántropo

Administración:
Armonía
Verdad
Estabilidad

Sabiduría
Comprensión
Mérito y reconocimiento

Concepto básico: Nuestros órganos Los tres ingredientes del Tequila Sunrise en conexión con la consciencia universal tienen la capacidad de hacer fluir la energía del universo el universo tienen la capacidad de hacer fluir la energía que se proyecta en una entidad cuando se le da atención para manifestar la realidad como energía. que contenemos y de reciclar la energía contenida

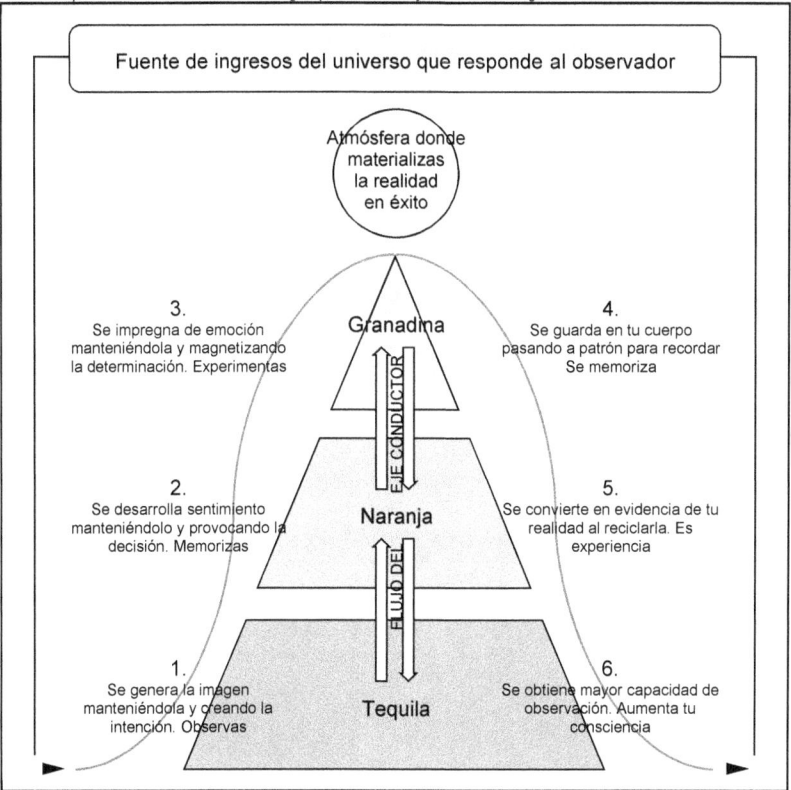

Fuente de ingresos del universo que responde al observador

Atmósfera donde materializas la realidad en éxito

3.
Se impregna de emoción manteniéndola y magnetizando la determinación. Experimentas

Granadina

EJE CONDUCTOR

4.
Se guarda en tu cuerpo pasando a patrón para recordar Se memoriza

2.
Se desarrolla sentimiento manteniéndolo y provocando la decisión. Memorizas

Naranja

FLUJO DEL

5.
Se convierte en evidencia de tu realidad al reciclarla. Es experiencia

1.
Se genera la imagen manteniéndola y creando la intención. Observas

Tequila

6.
Se obtiene mayor capacidad de observación. Aumenta tu consciencia

La pirámide del éxito Tequila Sunrise para Negocios. Basado en la observación del cuerpo humano, tus relaciones y negocios en conexión con el universo, sus reacciones y su manifestación de la realidad. Mente, cuerpo o entidad y consciencia.

Agranda tu conexión
Todos somos Naranja, sólo ama

Construye algo que 100 personas aman, no algo que a 1 millón de personas de un tipo les gusta
BRIAN CHESKY
Empresario de Internet estadounidense

Trueque:
Lealtad
Retribución
Reciprocidad

Unificación
Compartibilidad
Intercambio

TEQUILA SUNRISE PARA NEGOCIOS

Concepto básico: Manifestar la realidad en los negocios se fundamenta en el enfoque de la energía del universo: 1 dominar los procesos, 2 empoderar dejando huella con identidad, marca y producto, 3 provocar carácter, amor y actitud, en la mente del consumidor.

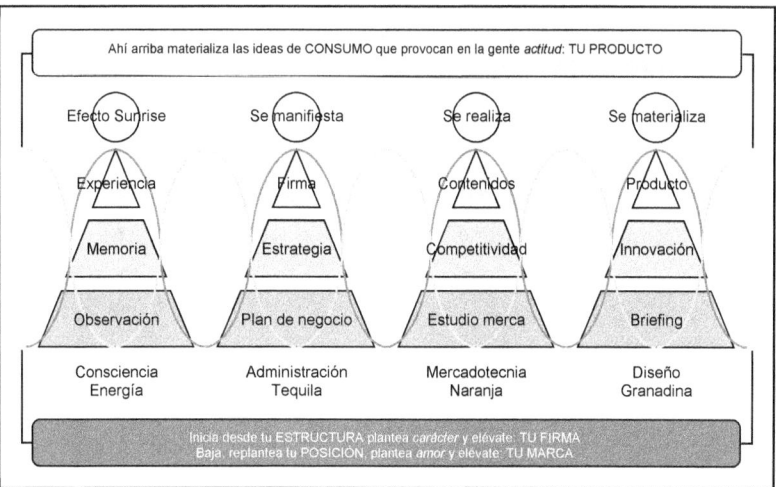

El flujo del Tequila Sunrise para Negocios a través de la pirámide del éxito. Basado en la observación del universo y su manifestación en los negocios. Mente, consumidor y negocios.

Haz tu negocio exponencial
Todos somos Granadina, ten actitud

No tengas miedo de cambiar el modelo
REED HASTINGS
Empresario, filántropo y director ejecutivo estadounidense

Comunicación visual:
Libertad
Creación
Evolución

Simbología
Transformación
Geometría y color

Como seres humanos nacidos en este planeta, cada uno de nosotros, tenemos derecho a vivir en un espacio adecuado para nuestro desarrollo personal, y también generar un conocimiento que sirva para el desarrollo de la humanidad en general. Tal vez goces de ello, tal vez carezcas de alguna, o te falte tener y desarrollar ambas cosas, sin embargo, sea como sea eso no significa que no podamos lograrlas. Y lo puedes hacer posible, mediante el uso adecuado del todo el conjunto de elementos a los que alude el control total de tus emociones, que también está ligado a estas otras funciones de nuestro cuerpo para que actúe su totalidad.

Diseña un buen sistema de negocios que genere abundancia para todos y encuentra un grupo de personas exactamente con tu misma visión para asociarse, convirtiéndose en consumidores y a su vez se en quienes diseminen de boca en boca los productos o servicios de tu empresa, de modo que tejas redes de usuarios-asociados de tu negocio y generes un crecimiento exponencial en poco tiempo.

Esta forma de hacer negocios estimula el trabajo en equipo, está apoyado en un sistema virtual mediante el cual a través de la unión de todos se forman redes que generan bienestar en sus asociados-consumidores y actualmente es un mercado que pocos están llevando a cabo en todo el planeta. Es definido como mercadeo en red.

TEQUILA SUNRISE PARA NEGOCIOS

Concepto básico: El conjunto de triadas que proyectan a una empresa al éxito en los negocios se vuelcan en un circuito que trabajan al unísono. Concientizarte del panorama completo pone en acción tu circuito.

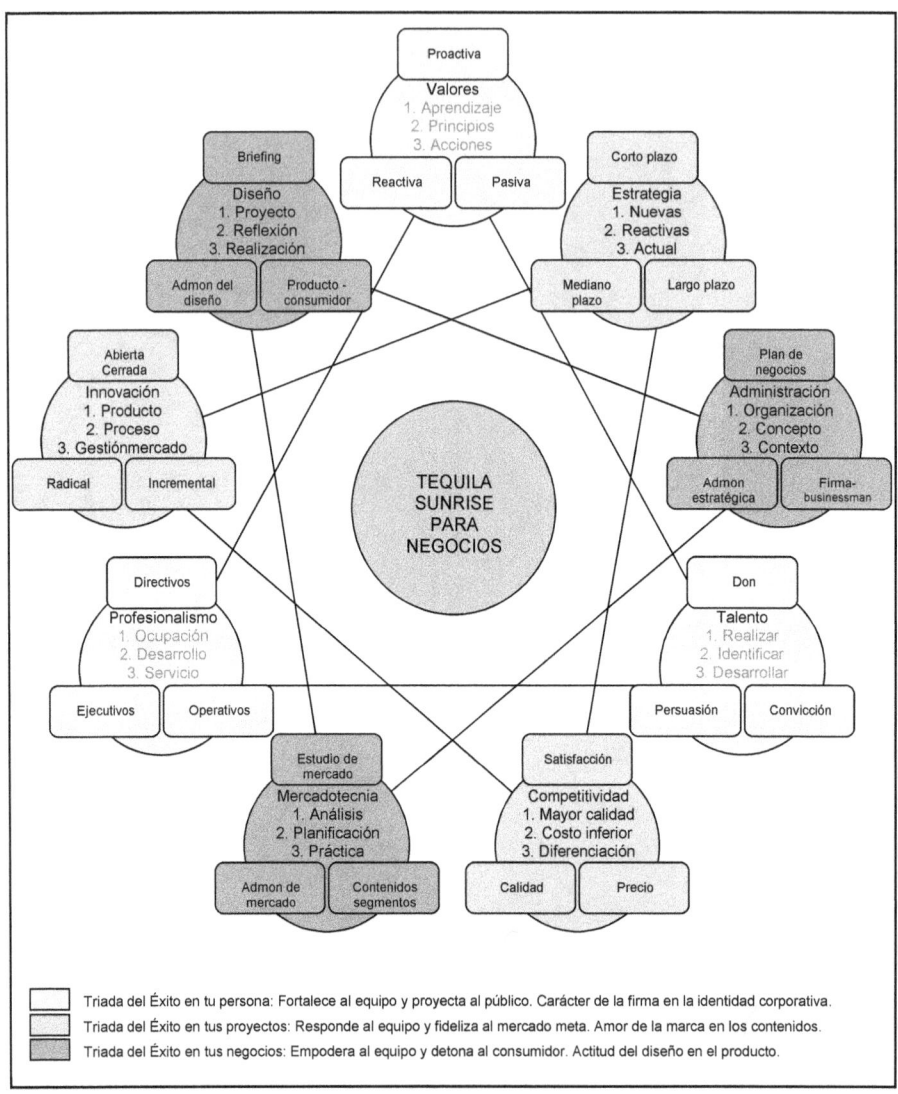

Las triadas del éxito Tequila Sunrise para Negocios. Basado en la observación del universo y su manifestación en los negocios. Mente, consumidor y negocios.

Bibliografía

1.   AMA.org. (Octubre de 2004). *About AMA*. Recuperado el 30 de Julio de 2013, de Definition of Marketing: https://www.ama.org/AboutAMA/Pages/Definition-of-Marketing.aspx

2.   AMA.org. (2014). *Dictionary AMA*. Recuperado el 31 de Octubre de 2014, de Marketing mix: https://www.ama.org/resources/pages/dictionary.aspx?dLetter=M

3.   Argote, L., & Ingram, P. (Mayo de 2000). Knowledge transfer: A basis for competitive advantage in firms. *82*(1), 150-169.

4.   Artiux. (2016). *La Administración del Diseño en Compañías de Diseño de Ciudad de México*. México.

5.   Baena, V. (2011). *Fundamentos de marketing: entorno, consumidor, estrategia e investigación comercial*. Barcelona, España: Editorial UOC.

6.   Berry, T. (13 de Octubre de 2014). *Soyentrepreneur.com*. (T. Berry, Editor) Recuperado el 13 de Octubre de 2014, de 8 pasos para escribir tu plan de negocios: http://www.soyentrepreneur.com/27518-8-pasos-para-escribir-tu-plan-de-negocios.html

7.   Bezos, J. (2013, September 13th). Four Peaks: My interview with Jeff Bezos. Seattle, Washington, USA: Youtube. Retrieved from https://www.youtube.com/watch?v=vhDRBPCOxmA

8.   Bonsiepe, G. (1999). *Del objeto a la interfase: Mutaciones del diseño*. Buenos Aires, Argentina: Ediciones Infinito.

9.   Branson, R. (Marzo de 2007). Richard Branson Life at 30,000 feet. Monterey, California, USA: ted.com. Obtenido de https://www.ted.com/talks/richard_branson_s_life_at_30_000_feet?language=es#t-37883

10.   Brant, J., & Lohse, S. (2014). *The open innovation model*. Paris, Francia: International Chamber of Commerce.

11.   Bruce, M., & Bessant, J. (2002). *Design in business. Strategic Innovation Through Design*. Londres, Inglaterra: Financial Times-Prentice Hall.

12.   Bruce, M., Cooper, R., & Vazquez, D. (1999). *Effective design management for small businesses* (Vol. 20). Manchester, United Kingdom:

Design Studies.

13.   Buffett, W. (2 de Julio de 2013). Warren Buffett speaks with Florida University. Gainesville, Florida, USA: Youtube. Obtenido de https://www.youtube.com/watch?v=2MHIcabnjrA&ebc=ANyPxKoAX iutNLg2xHQ53OOTx- eLB5VoY6TU6kRWKoM_sTpQ0UiWSqLS9MaFWq22W1gYHNzlDNF82 5YoLLaNKjRGr15c6W_94g

14.   Castillo, C., & Bond, F. O. (1987). *The university of Chicago spanish- english english-spanish dictionary.* USA: Pocket Books.

15.   Chaves, N. (2001). *El oficio de diseñar. Propuesta a la conciencia crítica de los que comienzan.* Barcelona, España: GG Diseño.

16.   Chiavenato, I. (2001). *Introducción a la teoría general de la administración.* Ciudad de México, México: McGraw-Hill.

17.   Coca Carasila, A. M. (Mayo-Agosto de 2008). El concepto de Marketing: pasado y presente. (J. Fuenmayor, Ed.) *Revista de Ciencias Sociales*, 393-395.

18.   Cohen, H. (27 de Junio de 2013). *Marketing: The 4 Moments of Truth [Chart].* (L. Aronson, Editor, WebFaction, Productor, & Aweber) Recuperado el 01 de Diciembre de 2014, de Marketing's 4 moments of truth defined: http://heidicohen.com/marketing-the-4-moments-of- truth-chart/#sthash.qaOHhTYb.dpuf

19.   Colmenares Grünberger, O. (1992). *Administración Estratégica: Casos de Empresas Mexicanas.* Ciudad de México, México: Edamex.

20.   Condusef. (2013). *Empresario PyME como usuarios de servicios financieros.* Recuperado el 10 de Octubre de 2014, de Plan de negocios y cómo hacerlo: http://www.condusef.gob.mx/index.php/empresario- pyme-como-usuarios-de-servicios-financieros/119-plan-de-negocios-y- como-hacerlo

21.   Consejo Regulador del Tequila. (01 de Noviembre de 2013). *http://www.crt.org.mx.* Obtenido de Información Estadística: http://www.crt.org.mx/EstadisticasCRTweb/

22.   Contreras, J. (2001). *Administración estratégica.* Ciudad de México, México: Universidad Nacional Autónoma de México.

23.   Daniels, W. R. (Primavera de 2000). Meetings build strategic relationships. *Design Management Journal, 11*(2), 63-71.

24.   De Jong, J., Vanhaverbeke, W., Kalvet, T., & Chesbrough, H.

(2008). *Policies for open innovation: Theory, framework and cases.* Helsinki, Finlandia: Research project funded by Vision Era-Net.

25. Donis Dondis, A. (1992). *La sintaxis de la imagen. Introducción al alfabeto visual.* Ciudad de México, México: GG Diseño.

26. Droste, M. (1991). *Bauhaus 1919-1933.* Berlin, Alemania: Editorial del Archivo y Museo de Diseño Bauhaus.

27. EducaMarketing. (2005). *Guía para realizar una Investigación de Mercados.* (U. d. Extremadura, Ed.) Recuperado el 01 de Noviembre de 2014, de Área de Comercialización e Investigación de Mercados: http://educamarketing.unex.es/Docs/guias/Gu%C3%ADa%20realizaci%C3%B B

28. Ellison, L. (23 de Febrero de 2013). Exclusive interview of Larry Ellison - ceo of oracle corp. India. Obtenido de https://www.youtube.com/watch?v=OLahcEI--2E&ebc=ANyPxKonJFxix38yRNgpp6BD6D_sjeZbc3bgETS8Xsme3Ugj9j5 qbCAtg5BcpOm4f_NUaLlil8A4sOqOrtGvusu_08ZNMDsXzg

29. Enríquez Morán, C. (29 de Octubre de 2013). *Forbes.com.mx.* Obtenido de 4 secretos básicos del marketing para PyMEs: http://www.forbes.com.mx/4-secretos-basicos-del-marketing-para-pymes/

30. Etimonline.com. (2014). *Online Etymology Diccionary.* (D. C. Buglione, Editor, D. McCormack, Productor, & Sponsored Words) Recuperado el 26 de Octubre de 2014, de Marketing: http://www.etymonline.com/index.php?allowed_in_frame=0&search=market&searchmode=none

31. Filson, A., & Lewis, A. (2000). Barriers between design and business strategy. *Design Management Journal, 11*(4), 48-52.

32. Fischer De la Vega, L., & Espejo Callado, J. (2004). *Mercadotecnia* (3a ed.). Ciudad de México, México: Mc Graw Hill.

33. Fisher De la Vega, L. (1988). *Mercadotecnia.* Ciudad de México, México: Interamericana.

34. Free-management-ebooks.com. (2013). *Ansoff Matrix. Strategy Skills.* Warwickshire, United Kingdom: free-management-ebooks.com.

35. Frías, J. (14 de Febrero de 2004). Administración del diseño. (A. Pérez Iragorri, Ed.) *a! Diseño*(67), 57-59. Recuperado el 10 de Noviembre de 2007, de http://www.a.com.mx

36. Fuentes, V. (10 de Enero de 2013). Las marcas más poderosas. (J. F. López, Ed.) *Poder y Negocios*, 1, 28-32, 34 http://www.mediasolutions.com.mx/ncpop.asp?n=201310090057014801 &t=.

37. García Padilla, V. M. (2014). *Introducción a las finanzas*. Ciudad de México, México: Grupo Editorial Patria.

38. Gates, B. (10 de Mayo de 2013). Buffett & Gates on Success. Seattle, Washington, USA: Youtube. Obtenido de https://www.youtube.com/watch?v=ldPh0_zEykU

39. Gombrich, E. H. (1999). *La historia del arte*. Ciudad de México, México: Conaculta-Editorial Diana.

40. González, C. (14 de Febrero de 2004). Design Bureau. Entrevista a Carlos González Nacif. (A. Pérez Iragorri, Ed.) *a! Diseño*(67), 41-47. Recuperado el 16 de septiembre de 2008, de http://www.a.com.mx

41. Grefé, R. (1997). *Design culture. An anthology of writing from the AIGA journal of graphic design*. (S. Heller, Ed.) New York, USA: Allwort Press.

42. Guijosa, V., & Frías, J. (15 de Enero de 2006). Administración del diseño. (A. Pérez Iragorri, Ed.) *a! Diseño*(77), 77-79. Recuperado el 23 de Agosto de 2007, de http://www.a.com.mx

43. Hauser, A. (1978). *Historia social de la literatura y del arte* (Vol. 1). Madrid, España: Guadarrama Punto Omega.

44. Hill, C. W., & Jones, G. R. (2005). *Administración estratégica. Un enfoque integrado*. Ciudad de México, México: McGraw Hill Interamericana.

45. Idologie.com. (2012). *Proceso*. (J. Olguín, Productor) Recuperado el 15 de Octubre de 2014, de mapa/breif: http://www.idologie.com/proceso.html

46. Iduarte, J., & Zarza, M. (2004). *La administración del diseño en micro pequeñas y medianas empresas mexicanas*. Universidad Autónoma del Estado de México, Facultad de Arquitectura y Diseño. Toluca: UAEM. Recuperado el 10 de Julio de 2006, de http://www.dis.uia.mx/conference/2005/HTMs-PDFs/AdmondelDisenoenEmpresas.pdf

47. Isern, A. (2003). *Guía creativity 2003: el diseño y la comunicación en la gestión empresarial*. Barcelona, España: Guía Creativity.

48.   J., Boyd, H., O., W., & Larreché, J. (2007). *Administración de marketing. Un enfoque en la toma estratégica de decisiones.* Ciudad de México, México: Mc Graw Hil Interamericana.

49.   Jeffrey, K. R., & Hunt, D. (Enero de 1985). Design in small manufacturing companies in Scotland. *6*(1), 18-24.

50.   Kaplan, A. M. (Agosto de 2014). European management and European business schools: Insights from the History of Business Schools. (M. Haenlein, Ed.) *European Management Journal, 32*(4), 529-534.

51.   Kirwin, R. (14 de Febrero de 2004). Marca la diferencia. (A. Pérez Iragorri, Ed.) *a! Diseño*(67), 49. Recuperado el 23 de Abril de 2007, de http://www.a.com.mx

52.   Knight, P. (14 de Junio de 2014). Stanford Graduate School of Business Graduation Remarks by Phil Knight, MBA '62. Palo Alto, California, USA: Youtube. Obtenido de https://www.youtube.com/watch?v=nRN9FwWQY8w

53.   Kotler, P. (2009). *Dirección de mercadotecnia.* Ciudad de México, México: Prentice Hall.

54.   Kotler, P., & Amstrong, G. (2003). *Fundamentos de marketing.* Ciudad de México, México: Pearson Educación.

55.   Kunst, M. (Marzo-abril de 1995). Notas para una filosofía del diseño. (L. Moreno, Ed.) *De Diseño, 1*(3), 8-9.

56.   La Nación. (01 de Junio de 2008). *Joan Costa: El diseño socializa el conocimiento.* Recuperado el 07 de Noviembre de 2014, de Enfoques: http://www.lanacion.com.ar/1017188-joan-costa-el-diseno-socializa-el-conocimiento

57.   Lamb, C., Hair, J., & McDaniel, C. (2011). *Marketing.* Ciudad de México, México: Cengage Learning.

58.   Lawrence, P. (1996). Inc. Magazine's George Gendron on design. *@issue. The Journal of Business and Design, 2*(1), 2-5.

59.   Lecinski, J. (2011). *ZMOT Ebook: Ganando el Momento Cero de la Verdad.* Illinois, Chicago, USA: Google Inc.

60.   Levy, A. R. (1981). *Planeamiento estratégico.* Buenos Aires, Argentina: Ediciones Macchi.

61.   Licko, Z. (primavera de 2002). 'It's not a problem of being a woman in a man's world. It's being a type designer in a world that gives little recognition to this art form'. (J. L. Walters, Ed.) *Eye magazine, 11*(43),

http://eyemagazine.com/feature/article/reputations-zuzana-licko.

62.   Lupton, E., & Abott, M. J. (1994). *El abc de la Bauhaus y la teoría del diseño.* Barcelona, España: GG Diseño.

63.   Mintzberg, H., Brian, J., & Voyer, J. (1997). *El proceso estratégico. Conceptos, contextos y casos.* Ciudad de México, México: Prentice Hall Hispanoamericana.

64.   Mono, D., Rivers, C., & Dowdy, C. (2006). *Identidad corporativa: del brief a la solución final.* Barcelona: GG Diseño.

65.   Mullins, J., Boyd, H., O., W., & Larreché, J. (2007). *Administración de marketing. Un enfoque en la toma estratégica de decisiones.* Ciudad de México: Mc Graw Hil Interamericana.

66.   Munch Galindo, L. (2009). *Fundamentos de administración.* Ciudad de México, México: Trillas.

67.   Muñoz, P. (20 de Septiembre de 2007). X_Design. Estrategias para llegar a grandes clientes. (A. Pérez Iragorri, Ed.) *a! Diseño*(86), 30-37. Recuperado el 04 de Diciembre de 2007, de http://www.a.com.mx

68.   Musk, E. (16 de Mayo de 2014). Elon Musk USC Commencement Speech | USC Marshall School of Business Undergraduate Commencement 2014. (Youtube, Ed.) Los Angeles, California, USA. Obtenido de https://www.youtube.com/watch?v=e7Qh-vwpYH8

69.   Myownbusiness.org. (12 de Diciembre de 2013). *Sesión 2: El Plan de negocios.* Recuperado el 13 de Octubre de 2014, de ¿Qué es un plan de negocios?: http://www.myownbusiness.org/espanol/s2/#1

70.   Nafinsa. (2009). *www.nafin.gob.mx.* (NacionalFinanciera, Ed.) Obtenido de Trece Pasos para Hacer tu Plan de Negocios: www.nafin.gob.mx/portalnf/get?file=/pdf/otros/TRECE-PASOS.pdf

71.   O'Reilly, J. (2002). *Sin briefing: proyectos personales de diseñadores gráficos.* España: Index Book.

72.   Olson, E., Slater, S., & Cooper, R. (2000). Managing design for competitive advantage. *Design Managament Journal, 11*(4), 10-17.

73.   Organización para la Economia Cooperación y Desarrollo. (2005). *Manual de Oslo: Guía para la recogida y la interpretación de datos sobre innovación.* Comunidad Europea: UNESCO-Grupo Tragsa.

74.   Page, L. (12 de Diciembre de 2013). 2014 Breakthrough Prize Ceremony: Michael Hall and Larry Page. Mountain View, California, USA: Youtube. Obtenido de

https://www.youtube.com/watch?v=gNZKtRjvrvo

75. Pérez Iragorri, A. (Ed.). (20 de Marzo de 2007). La psicología del color en el producto. *a! Diseño*(83), 59. Recuperado el 13 de Julio de 2007, de http://www.a.com.mx

76. Phoenixnewtimes. (2015). *http://www.phoenixnewtimes.com*. Obtenido de arts/the-biltmore-original-tequila-sunrise: http://www.phoenixnewtimes.com/arts/the-biltmore-original-tequila-sunrise-6570176

77. Porter, M. E. (1980). *Estrategia competitiva: Técnicas para analizar las industrias y los competidores*. New York, USA: The Free Press.

78. Porter, M. E. (1990). *La ventaja competitiva de las naciones*. Buenos Aires, Argentina: Vergara Editor.

79. Porter, M., & Scott, S. (Verano de 2001). Innovation: Location Matters. *MIT Sloan Management Review, 42*(4), 28.

80. RAE. (2012). *Diccionario de la Real Academia Española*, 22a Edición. Recuperado el 5 de Noviembre de 2014, de Mercadotecnia: http://lema.rae.es/drae/?val=mercadotecnia

81. RAE. (2012). *Diccionario de la Real Academia Española*, 22a Edición. Recuperado el 31 de Octubre de 2014, de Innovación: http://lema.rae.es/drae/?val=innovación

82. revistafortuna. (20 de Febrero de 2013). *http://revistafortuna.com.mx*. Obtenido de El tequila siempre nuestro: http://revistafortuna.com.mx/contenido/2013/02/20/el-tequila-siempre-nuestro/

83. Rodríguez Morales, L. (1989). *Para una teoría del diseño*. Ciudad de México: Tilde-UAM Azcapotzalco.

84. Saínz de Vicuña Ancín, J. M. (2013). *El plan de marketing en la práctica*. Madrid, España: ESIC.

85. Santesmases, M., Sánchez, A., & Valderrey, F. (2003). *Mercadotecnia. Conceptos y estrategias*. Ciudad de México: ITESM – Pirámide.

86. Satué, E. (1988). *El diseño gráfico: desde los orígenes hasta nuestros días*. Madrid, España: Alianza.

87. Schoell, W. F., & Guiltinan, J. P. (1991). *Mercadotecnia. Conceptos y prácticas modernas*. Ciudad de México: Prentice Hall Hispanoamericana.

88. Schumpeter, J. A. (1978). *Teoría del desenvolvimiento económico*

(Quinta Reimpresión ed.). Ciudad de México, México: Fondo de Cultura Económica.

89.   Sobrino, R., & Mercado, F. (15 de Enero de 2006). Marketing Design. (A. Pérez Iragorri, Ed.) *a! Diseño*(77), 74-76. Recuperado el 20 de Marzo de 2007, de http://www.a.com.mx

90.   Stanton, W., Etzel, M., & Walker, B. (2007). *Fundamentos de Marketing* (13a ed.). Ciudad de México, México: Mc Graw Hill - Interamericana.

91.   Taylor, J. W., & Shaw, T. R. (1990). *Mercadotecnia: un enfoque integrador*. Ciudad de México, México: Trillas.

92.   Telford, A. (Marzo-Abril de 2001). Diseño en México. (C. &. Blanchard, Ed.) *Communication Arts, 43*(1), 115-130.

93.   Thompson, A., & Strickland, A. J. (1998). *Dirección y administración estratégicas, conceptos, casos y lecturas* (primera edición ed.). Ciudad de México, México: McGraw Hill.

94.   Thompson, A., & Strickland, A. J. (2004). *Administración estratégica. Conceptos y casos*. USA: Mc Graw Hill.

95.   UL. (Marzo de 1973). Acquainted elements to fall down a swing. *University of London Newsletter*, 53.

96.   Wikipedia.org. (13 de Enero de 2015). *Competitividad*. Recuperado el 13 de Enero de 2015 a las 07:13, de Wikipedia, la enciclopedia libre: http://es.wikipedia.org/wiki/Competitividad

97.   Wikipedia.org. (13 de Febrero de 2015). *Diseño gráfico*. Recuperado el 13 de Febrero de 2015 a las 15:07, de Wikipedia, la enciclopedia libre: http://es.wikipedia.org/wiki/Diseño_gráfico

98.   Wikipedia.org. (20 de Enero de 2015). *Negocio*. Recuperado el 24 de Enero de 2015 a las 14:27, de Wikipedia, la enciclopedia libre: http://es.wikipedia.org/wiki/Negocio

99.   Wikipedia.org. (21 de Mayo de 2015). *Tequila Sunrise (cocktail)*. Obtenido de Wikipedia, The Free Encyclopedia: https://en.wikipedia.org/wiki/Tequila_Sunrise_(cocktail)

100.   Winfrey, O. (28 de Abril de 2014). Oprah Winfrey on Career, Life and Leadership. Standford, California, USA: Youtube. Obtenido de https://www.youtube.com/watch?v=6DlrqeWrczs

101.   Wingler, H. M. (1975). *La Bauhaus. Weimar Dessau Berlin 1919-1933*. Barcelona, España: GG Diseño.

102.	Wong, W. (1995). *Fundamentos del diseño*. Ciudad de México, México: GG Diseño.

103.	Zimmermann, Y. (1998). *Del diseño*. Barcelona, España: GG Diseño.

Sobre el autor

Trabajo como independiente, diseño, escribo, hago música y video para mis propios proyectos, desde mi lugar de residencia en Mérida, Yucatán. Tengo más de 20 años de experiencia integrada en diseño. Al mismo tiempo de ser independiente desde 1999 hasta 2010, he sido docente en algunas instituciones educativas de Ciudad de México. Tengo una Licenciatura en Diseño Gráfico por la Universidad Nacional Autónoma de México. Hoy ayudo a la gente a hacer frente a los retos con todas las fases para lograr el éxito, desde el desarrollo personal a los negocios. Dirijo mis actividades con meditación y una vida sana, que aprendo y practico para obtener el Sunrise de todas partes, solo uniendo sus partes se alcanza por completo.

www.ingramcontent.com/pod-product-compliance
Lightning Source LLC
Chambersburg PA
CBHW070855180526
45168CB00005B/1827